Gottfried Klein

... I am an Indian!

Interkulturelle Anekdoten

Viel Spaß bei der Lektüre

G. Klein

Shaker Media

Bibliografische Information der Deutschen Nationalbibliothek
Die Deutsche Nationalbibliothek verzeichnet diese Publikation in der
Deutschen Nationalbibliografie; detaillierte bibliografische Daten sind
im Internet über http://dnb.d-nb.de abrufbar.

Copyright Shaker Media 2012
Alle Rechte, auch das des auszugsweisen Nachdruckes, der auszugsweisen
oder vollständigen Wiedergabe, der Speicherung in
Datenverarbeitungsanlagen und der Übersetzung, vorbehalten.

Printed in Germany.

ISBN 978-3-86858-755-5

Shaker Media GmbH • Postfach 101818 • 52018 Aachen
Telefon: 02407 / 95964 - 0 • Telefax: 02407 / 95964 - 9
Internet: www.shaker-media.de • E-Mail: info@shaker-media.de

Inhaltsverzeichnis

Vorwort 1
1. Café en Wallonie 3
2. Das braucht Zeit 7
3. Look at my skin… 11
4. W. and the Brits 14
5. From Grappa to Port 18
6. Das indirekte Jäckchen 21
7. Ein französischer Turm zu Babel 25
8. Wein vereint, was unvereinbar scheint 28
9. Europäischer Triathlon 31
10. Choucroute – mon amour 36
11. Tapas schlagen Eisbein 1:0 38
12. Deutschland mit Sonne 43
13. Limousinenservice 47
14. Warten auf Alfred 51
15. Opera Romana 54
16. „Listen, Gottfried!" 56
17. Leave it, it's close 59
18. No comprendo in Italia 63
19. Amore? Amore! 67
20. Wiener Sterne 70
21. Svens Kinder 73
22. Das Schweigen 76
23. Tickets for sale 79
24. Блиндаж – Diner im Unterstand 81

25. The only bus to Beruwela 84
26. Ice in the sun 89
27. Wir kommen gleich 93
28. Einhundert Mann mit Abakus 96
29. Zweisprachig – aber wie? 98
30. Ein Amerikaner in Köln 105
31. Working for the Yankee-Dollar? 107
32. I would learn English 109
33. Weites Land – kleines Land 112
34. Westberlin aus kubanischer Sicht 116

Umschlagfotos: Angelica Rieger

Vorwort

Wer fünfundzwanzig und mehr Jahre im internationalen Umfeld tätig war, ist mit Sicherheit in das eine oder andere kulturelle Fettnäpfchen getreten – auch wenn man manche davon erst nach vielen Jahren realisiert. Für mich trifft dies jedenfalls zu. Als junger Mann und ohne Kenntnis dessen, was man heute interkulturelle Kompetenz nennt, habe ich häufig „daneben gelegen". Heute, als interkultureller Trainer, ist mir dies bewusst; damals haben mich nette Kollegen und Kunden oder Lieferanten glücklicherweise um diese Felsen, an denen meine Karriere durchaus Schiffbruch erleiden können hätte, herumgelotst. Ich danke ihnen allen noch heute dafür, dass sie mir diese „interkulturellen Ohrfeigen" nicht krumm genommen haben und mir immer dezent, manchmal aber auch mit Ironie und Amüsement den richtigen Weg gezeigt haben, denn nicht zuletzt auch diesen Erlebnissen verdanke ich, dass ich heute als interkultureller Trainer auf einen echten *Erfahrungsschatz* zurückgreifen kann.

Als Dank und zugleich Warnung möchte ich einige jener Episoden erzählen, die ich in dieser Zeit beruflich, aber auch als Urlauber erlebt habe. Missgeschicke, die meinen Gegenübern zustießen, aber auch solche, die aufgrund meiner mangelnden interkulturellen Erfahrung mir selbst passierten. Die Reihenfolge der Geschichten ist nicht alphabetisch, nicht chronologisch, nur nach Ländern zusammengefasst. Ich habe sie gerade in der Reihenfolge, in der sie mir in den Sinn gekommen sind, aufgeschrieben. Springen Sie, liebe Leser, einfach mit mir quer durch die Welt der Kulturen und die Kulturen der Welt.

Selbstverständlich soll und wird niemand bloß gestellt werden. Die Namen (außer dem meinen) sind deshalb frei erfunden. Sollte sich doch jemand in diesem Buch zufällig wieder zu erkennen glauben, dann bitte ich ihn, es mit ebenso viel Humor zu nehmen, wie ich es tue und hoffe, dass er trotzdem genauso viel Freude am Lesen hat, wie ich sie beim Schreiben empfand.

Diese Freude wünsche ich auch allen anderen Lesern und bitte sie, mir jetzt in die Tiefen der interkulturellen Fettnäpfchen zu folgen.

Gottfried Klein
Herbst 2011

1. Café en Wallonie

Belgien: Eines der am schwierigsten zu regierenden Länder Europas. Flamen und Wallonen scheinen einander unversöhnlich gegenüber zu stehen. Auch die deutschsprachige Gemeinschaft im Osten des Landes (damit sind nicht die deutschen Staatsbürger gemeint, die sich ihren Wohnsitz – häufig aus leicht nachvollziehbaren, eher materiellen als kulturellen Gründen – in Belgien gesucht haben, sondern die deutschsprachigen belgischen Staatsbürger) kann man nicht gerade als „integriert" bezeichnen. Und dennoch bleibt Belgien *ein* Staat, *eine* Nation. Und um dies zu erreichen, wurde eine komplexe Regierungsstruktur geschaffen, die auf drei verschiedenen, voneinander unabhängigen Ebenen versucht, es allen Bewohnern, allen Sprachregionen und somit allen (Sub-)Kulturen – Flamen, Wallonen, Deutschen und sonstigen – recht zu machen.

Der außen stehende Besucher, der sich nur für wenige Tage oder gar nur für wenige Stunden im Land aufhält, bemerkt in der Regel nichts von den internen Querelen, hält er sich doch entweder nur in einer der drei Regionen oder in Brüssel auf. Während es innerhalb der Regionen keinen Grund gibt, Streitereien mit den jeweils anderen offen zu zeigen (man ist ja unter sich), ist es in Brüssel als – auch im rein innerbelgischen Sinne – multikultureller Stadt dringend erforderlich zu kooperieren, denn man will und muss Ergebnisse in der Landesregierung und in der nationalen und internationalen Wirtschaft erzielen, will man als Land überleben.

Doch kommt man mit den Einwohnern ins Gespräch und wird man miteinander vertraut, dann hört man ganz schnell andere Töne. Unter Kollegen werden diese Töne dann auch einmal rauer – auch und vielleicht gerade Ausländern gegenüber: Vorurteile der einfachsten und somit für uns Deutsche unverständlichsten Art können aufbrechen. Von einem solchen Vorurteil, wo das Stereotyp ins Klischee abdriftet, berichtet diese Geschichte.

Seit wenigen Monaten hatte ich in meiner Firma eine neue Position als IT-Verantwortlicher für die Zentrale in Deutschland sowie die zum europäischen Hauptquartier zählenden Verkaufsorganisationen im Ausland übernommen. Da es diese Position bis zu diesem Zeitpunkt noch nicht gegeben hatte, hatte sich bei der Software, die zentral in Frankfurt entwickelt und gepflegt wurde, eine fatale Tendenz zur „Nationalisierung" entwickelt, das heißt, dass landesspezifische Erfordernisse vor Ort durch externe Mitarbeiter oder Fremdfirmen in die zentral erstellte Software eingebaut wurden, statt sie im Standard direkt zu berücksichtigen. Eine Entwicklung, der ich schnellstens entgegen steuern musste, da eine ordnungsgemäße Wartung dieser Software so nicht mehr gewährleistet werden konnte.

Verantwortlich in den Vertriebsfirmen waren die jeweiligen Controller. Es galt also, mit diesen Controllern zu sprechen und sie zu überzeugen, dass wir willens und in der Lage waren, zentral eine Software zu entwickeln, die in allen Ländern eingesetzt werden konnte, ja dass dies sogar unser Hauptziel für die kommenden zwei Jahre sein würde.

Eine meiner ersten Reisen führte mich nach Belgien. Mein dortiger Ansprechpartner – nennen wir ihn Jan – war in Programmiererkreisen als schwierig bekannt. Wir wussten, dass er relativ viel Geld in Anpassungen investierte, die er für unumgänglich hielt. Gleichzeitig aber beklagte er die hohen Kosten, die er dafür aufbringen musste und die schlechte Qualität unserer zentralen Software. Dachte ich anfangs, dies sei lediglich eine Art Protest gegen die deutsche Konzernzentrale – ein Verdacht, der sich auch ein wenig dadurch erhärtete, dass er mit mir als Verantwortlichem konsequent Englisch sprach, obwohl er, wie ich einige Wochen nach diesem ersten Besuch erfuhr, fließend Deutsch sprach –, so sollten mir seine Bemerkungen während des Smalltalks zeigen, dass er generell konsequent flämisch dachte.

Und so kam es dann während einer Pause auch zur folgenden, mich als frankophilen Menschen zutiefst erschreckenden Aussage Jans, die jedoch offensichtlich seine Weltsicht erklärte.

Wir sprachen über Personalangelegenheiten, die zwar nicht in meinem Aufgabenbereich lagen, jedoch im Zusammenhang mit meinen neuen Softwarezielen für ihn insofern von Bedeutung waren, dass er einem oder zwei externen Mitarbeitern kündigen musste. In diesem Zusammenhang stellte ich ihm in besagter Pause die Frage nach der Zusammensetzung des Personals im Brüsseler Büro. Er erwiderte, dass zwar in anderen Abteilungen einige Wallonen anzutreffen seien, er aber nie welche einstellen würde, denn Wallonen seien faul und ineffizient; und obendrein, so wörtlich, würden sie „den ganzen Tag nur reden und Kaffee trinken".

Meine Frage zielte damals überhaupt nicht auf das traditionell gespannte Verhältnis von Wallonen und Flamen ab, sondern galt eher Ausbildung, Geschlechtern, Belgiern oder Nicht-Belgiern. Deshalb war dies mein erster wirklicher Kulturschock als junger Manager.

Ich fragte mich und frage mich noch heute, wie es sein kann, dass ein Mensch, der bereits gegenüber Menschen in seinem eigenen Land derartig massive Vorurteile hat, in einem weltweit operierenden Konzern arbeiten kann. Aus heutiger Sicht hätte ich ihm ein gutes interkulturelles Training empfehlen und ihn fragen sollen – ja müssen –, wie er denn seine Nachbarnationen und gar die übrigen in aller Welt auch für ihn arbeitenden Kollegen sieht.

2. Das braucht Zeit

Bekanntlich unterscheidet Richard D. Lewis drei große Gruppen von Kulturen: Linear aktive, multiaktive und reaktive Menschen. Diese drei Gruppen – sagt Lewis – unterscheiden sich unter anderem in der Art und Weise wie sie mit Verträgen umgehen. Für linear aktive Menschen sind Verträge bindend, multiaktive Kulturen sehen in Verträgen ideale Objekte in einer idealen Welt und für Reaktive schließlich sind Verträge Absichtserklärungen, die verhandelt werden können.

Was wird wohl passieren, wenn extrem linear aktive Deutsche und die schon leicht zum Multiaktiven tendierenden Niederländer in einem gemeinsamen Projekt unter der Leitung der niederländischen Muttergesellschaft zusammenarbeiten müssen? Es ist für den Laien schwer vorhersehbar, denn so weit sind wir in unserem Verhalten ja gar nicht voneinander entfernt, denn nur ein Viertel des Weges zum multiaktiven Menschen trennt uns linear Aktive von unseren Nachbarn im Nordwesten auf dem sogenannten „Lewis-Dreieck". Sogar unsere Sprachen haben einen gemeinsamen Ursprung und wir können uns – selbst wenn Englischkenntnisse dabei hilfreich sind – auch ohne Fremdsprachenkenntnisse einigermaßen verständigen.

Was soll also schief gehen?

So dachten wohl auch die Verantwortlichen in beiden Ländern, als beschlossen wurde, dass man ein gemeinsames Projekt zur Ausgliederung großer Teile der Informationstechnologie durchführen werde. Mir ist nicht bekannt, welche meiner damaligen Kollegen aktive und/oder passive – also durch Training oder zufällige, aus Erfahrung erworbene – interkulturelle Kompetenzen besaßen. Genutzt haben sie ihnen für den Start des Projekts jedoch nichts.

Nach Monaten der Diskussion, welche Aufgaben in welcher Abteilung ausgegliedert werden sollten, und nach mehreren Präsentationsrunden der verschiedenen Bewerberfirmen in Amsterdam fiel schließlich die Wahl auf einen großen niederländischen Dienstleister. Verträge wurden verhandelt, vorgelegt und von den zuständigen Herren in der Muttergesellschaft unterschrieben.

Viele Monate der Vorbereitung und der detaillierten Planung gingen ins Land. Personal wurde entlassen, Wartungsverträge gekündigt, neue Hard- und Software beschafft.

Schließlich kam der große Tag, an dem „der Hebel unwiderruflich umgelegt wurde." Und für die deutschen Mitarbeiter in allen Niederlassungen brach das Chaos aus: Im Amsterdamer Call-Center gab es lediglich eine Person, die der deutschen Sprache mächtig war. E-Mail-Nachrichten des Call-Centers waren dreisprachig – die Anfrage logischerweise in Deutsch, der formale, vorformulierte Text in Englisch (wegen des Software-Lieferanten) und die Antwort in Niederländisch formuliert, da man ja kein Deutsch konnte.

Mein Telefon glühte. Vom Sachbearbeiter bis zum Vorstandsvorsitzenden hagelte es Beschwerden von meinen Kunden. Konnte ich die Anrufer anfangs noch besänftigen, wurden die Klagen immer massiver, je mehr Zeit ins Land ging. Die niederländischen Kollegen dagegen schienen darin überhaupt kein Problem zu sehen. Selbstverständlich hatten sie als häufig – wenn auch in Grenzen – dreisprachige Niederländer einen großen Teil der Probleme ja auch gar nicht, da diese in erster Linie sprachbedingt waren. Aber auch in den dortigen Büros gab es technische und organisatorische Mängel.

Schließlich wurde ich von den deutschen Vorständen beauftragt, nach Amsterdam zu fahren und eine Klärung mit unserer Mutter herbeizuführen, die allen gerecht werden sollte.

Der Projektverantwortliche empfing mich mit offenkundigem Unverständnis. Ich trug ihm unsere Probleme und Sorgen vor, sehr gut vorbereitet aus vielen Gesprächen mit den Geschäftsführern und Vorständen. Aus unserer – deutscher – Sicht schien die Situation katastrophal. Er aber schaute mich an und sagte: „Ich verstehe nicht, was ihr für eine große Sache daraus macht. Wir haben ja auch Anlaufschwierigkeiten. Aber wir wissen doch alle, dass ein so großes Projekt nicht von Anfang an reibungslos funktionieren kann."

Und auf meinen Einwand, dass auch massive Beschwerden über die Leistung der Mitarbeiter der Dienstleistungsfirma bei mir eingingen, versicherte er mir, dass sich diese Probleme bald lösen würden: „Die Leute müssen sich immerhin nicht nur auf eine neue Branche, sondern auch noch auf eine andere Sprache einstellen. Das geht nicht von heute auf morgen! Das müsst ihr in Deutschland einfach abwarten."

Und hier zeigte sich nun der Unterschied zwischen Deutschen und Niederländern im Umgang mit Verträgen: Wir – meine Mitarbeiter, meine Anwender und deren Vorgesetzte bis hin zur Geschäftsführungsebene – erwarteten, dass ein Vertrag vom ersten Tag an vollständig erfüllt wird. In den Niederlanden sieht man den Vertrag als ideales Objekt an. Da es aber keine ideale Welt gibt, kann ein Vertrag auch nicht sofort in seiner Gänze erfüllt werden. Das dauert seine Zeit!

3. Look at my skin…

Eine viel diskutierte Frage in der Branche der interkulturellen Ausbildung ist, ob und wie sinnvoll es ist, die Sprache des Geschäftspartners, des Gegenübers zu beherrschen. Wir von CultureCom sind der Meinung, dass oft eine gemeinsame Kommunikationssprache genügt, die alle Partner ausreichend – also verhandlungssicher – beherrschen sollten. Allerdings warnen wir auch immer wieder davor, dass es eine ganze Menge sogenannter „False Friends" gibt, die das Leben und die Verhandlungen schon ganz schön schwer machen können. Doch nicht nur die „Falschen Freunde", auch Worte mit doppelter oder gar mehrfacher Bedeutung, die eigentlich eines erklärenden Adjektivs bedürfen oder sich nur aus dem Zusammenhang erschließen, sind gelegentlich Ursache eines – einmal mehr, einmal weniger – lustigen Missverständnisses. Wenn dann noch der sprichwörtliche englische Humor dazukommt, dann muss die Geschichte dieses „Falschen Freundes" einfach erzählt werden.

Ich war – wie immer mindestens einmal pro Jahr – wieder einmal auf Rundreise durch Europa, um die Bedürfnisse meiner Kunden in den zwölf Ländern, die mittlerweile von uns betreut und mit Software beliefert wurden, zu erkunden und als Basis in das laufende oder eines der nächsten Projekte einzubringen. Heute war das Ziel

London. Mein Gesprächspartner war ein sympathischer junger Engländer indischer Abstammung, der leider – wie ich bei diesem Besuch erst erfuhr – das Unternehmen demnächst verlassen sollte. Auf meine Frage, ob er denn schon eine neue Stelle in Aussicht habe, verneinte er und antwortete mit der Gegenfrage, ob ich ihn denn nicht nach Frankfurt in meine Abteilung holen könne, denn immerhin könne er auch ein wenig programmieren. Ich war in der Bredouille. Ihn direkt ablehnen konnte ich nicht, denn man bedenke: Ich war Deutscher – immer noch eine kritisch gesehene „Spezies" im Vereinigten Königreich – und er war nicht nur Brite, sondern, wie auch an seiner Hautfarbe zu erkennen war, asiatischer Abstammung. Mit anderen Worten: Es war mir aus Gründen der Höflichkeit und vielleicht mir nicht bekannter, aber ganz sicher existierender Ressentiments unmöglich, einfach „Nein!" zu sagen. Ich musste etwas finden, das seiner britischen Erziehung, seiner Kultur indirekt zu antworten, nahe kam und ihn nicht verletzte, ihm dabei jedoch unmissverständlich klar machte, dass ich ihm nicht helfen konnte.

Mir fiel spontan die deutsche Redewendung „Ich benötige Indianer, keine Häuptlinge" ein. Damit spielte ich einerseits auf seine derzeitige Führungsposition als Controller an, und erklärte ihm außerdem, dass ich ihn für überqualifiziert hielt, ohne es ihm direkt ins Gesicht sagen zu müssen. Worüber ich im Eifer des Gefechts überhaupt nicht nachdachte, war die Tatsache, dass ich diesen Satz ja auch ins Englische übersetzen musste.

Gedacht, getan: Nach einer kurzen Erklärung, dass es sich um ein deutsches Sprichwort handle, sagte ich in der wörtlichen Übersetzung: „I don't need Chiefs, I need Indians". In dem Augenblick, als ich es ausgesprochen hatte, kam mir auch schon das Peinliche dieses Satzes zum Bewusstsein. Doch glücklicherweise nahm mein Kollege meinen Faux-pas mit typisch englischem Humor. Er antwortete, indem er auf seine Arme deutete: „Look at my skin. I am an Indian." – "Schau dir meine Haut an. Ich bin Inder."

Laut lachend verabschiedeten wir uns von diesem Thema und wandten uns wieder den Sachzwängen und Problemen zu, die sein Weggang für mich bereithielt.

Unsere beiderseitige – zumindest bei mir zum damaligen Zeitpunkt noch eher unbewusst vorhandene – affektive Kompetenz und natürlich unsere gegenseitige Sympathie füreinander hatten eine unter Umständen auch kritisch endende Situation zu einem harmlosen Austausch von Wortspielen werden lassen. Und mir war klar geworden, wie wichtig manchmal ein kleines klärendes, beziehungsweise erklärendes Wort wie „American" vor „Indian" sein kann und wie schnell aus einer solchen an sich von Komik beherrschten Situation im Umgang mit anderen Kulturen große Missverständnisse und Spannungen entstehen können.

4. W. and the Brits

Auch in dieser Geschichte beschäftige ich mich mit dem Thema Sprachkenntnisse. Doch dieses Mal mit einem anderen Fokus, nämlich der von Schule und Universität mitgebrachten Fähigkeit, eine andere Sprache nicht nur zu sprechen, sondern – als gesprochene Sprache – auch tatsächlich zu verstehen. Wer nicht gerade Anglistik oder Amerikanistik studiert hat, mag die in Großbritannien von Muttersprachlern gesprochene Sprache äußerst selten gehört haben und dann, mit diesen konfrontiert, recht schnell merken, wie groß der Unterschied zwischen Lesen und Hören doch sein kann – vor allem, wenn es um das Verstehen geht. Dies musste auch mein Mitarbeiter Werner erfahren.

In den 1980er Jahren boomte der Arbeitsmarkt in der IT-Branche. Vor allem Programmierer wurden gesucht, war doch das Verhältnis von Hardwarekosten zu Softwarekosten damals ein ganz anderes wie heute. Mit anderen Worten, mehr als achtzig Prozent der Kosten eines Computers verursachte die Hardware. Die Softwarekosten, überwiegend Personalkosten, gingen bei diesem Verhältnis fast unter, Programmiertools waren weitgehend unbekannt. So wurden viele arbeitslose Akademiker von den Arbeitsämtern zu Programmierern umgeschult. Und zu diesen umgeschulten Programmierern zählte auch Werner, der eigentlich fertig ausgebildeter Gymnasiallehrer war, aber keine Anstellung gefunden hatte.

Bei seiner Einstellung hatte ich selbstverständlich nach seinen Englischkenntnissen gefragt, in der Firma und meiner europaweit aktiven Abteilung ein absolutes Muss. Seine Angaben, dass er fließend Englisch spreche, hatte ich aufgrund seiner Ausbildung nie bezweifelt, aber während seiner ersten Tage bei uns auch nie wirklich überprüft.

Bereits vierzehn Tage nach seinem Arbeitsantritt musste er mit mir für zwei Tage nach London, um dort einige kleine Programmanpassungen zu installieren. Außerdem sollte er die dortigen Mitarbeiter kennenlernen: Den Buchhaltungsleiter als seinen zukünftigen Ansprechpartner und den Controller als Verantwortlichen für die Datenverarbeitung.

Nachdem er mir im Flugzeug nach London noch einmal bestätigt hatte, dass er wirklich keine Probleme sehe, sich vor Ort zu verständigen, konnte meiner Meinung nach die erste Besprechung – nach unserer Ankunft im Büro und dem obligatorischen Small Talk mit Kaffee – sofort starten. Wir verständigten uns darüber, welche Aufgaben Werner zu erledigen hätte und welche Sonderwünsche seitens der englischen Kollegen darüber hinaus noch bestanden, so dass ich mich mit Werner nach knapp zwei Stunden an dessen Arbeitsplatz zurückzog, wo er von mir seine Instruktionen bekam.

Während er seiner Programmierertätigkeit nachging, führte ich noch mehrere Gespräche bezüglich der in Frankfurt vorzunehmenden Weiterentwicklung der Software bezogen auf britische Gesetzgebung, Arbeitsabläufe und anderem. Zur nachmittäglichen Abschlussbesprechung stieß Werner wieder zu uns und gab seinen Tagesbericht – natürlich in englischer Sprache – ab.
Alle waren zufrieden und der gemütliche Teil des Abends konnte beginnen.
Der Buchhaltungsleiter brachte uns ins Hotel und nach dem Einchecken führte er uns in ein ausgezeichnetes Restaurant, wo wir einen sehr angenehmen Abend mit einem Drei-Gänge-Menu und Wein bei vielen netten Gesprächen verbrachten.
Nachdem wir wieder ins Hotel zurückgekehrt waren und – jetzt endlich allein, ohne einen englischen Kollegen – noch einen kleinen „Absacker" an der Bar nahmen, fragte ich Werner, wie er denn den Tag über zurecht gekommen sei. Seine Antwort schockierte mich ein wenig: „Herr Klein, der einzige, den ich verstanden habe, waren Sie", gestand er ein wenig kleinlaut. Mein leichter Schock verwandelte sich jedoch gleich darauf in einen Aha-Effekt, denn was ich übersehen – besser: aus Betriebsblindheit überhört – hatte, war die Tatsache, dass der Buchhaltungsleiter Waliser und der Controller Schotte war. Ich hatte mich – mit vielen Varianten der Aussprache des Englischen in Europa konfrontiert – im

Laufe der Jahre ja an deren leichten Dialekt gewöhnt, aber für einen kompletten Neuling des Alltags-Englischen war es fast unmöglich, die beiden Herren während einer Besprechung, bei der es keine Möglichkeit gab, nachzufragen oder ein Wörterbuch zu konsultieren, wirklich vollständig zu verstehen.

Ich gab ihm ein paar Tipps und versuchte, ihm am nächsten Tag nebenbei die notwendigen Übersetzungshilfen zu geben. Es war ihm zugleich auch anzumerken, dass er sich langsam an das „gesprochene Englisch" gewöhnte und mehr und mehr der Diskussion folgen konnte.

Werner hatte den ersten Schreck schnell überwunden und selbst Telefonate in Englisch bereiteten ihm nach wenigen Wochen keine Probleme mehr.

5. From Grappa to Port

Bei der folgenden Geschichte habe ich lange überlegt, welchem Land ich sie zuordnen sollte. Amerika? Großbritannien? Da sie in der Nähe von London spielt, habe ich mich schließlich für das Vereinigte Königreich entschieden. Die Geschichte handelt von kleinen Unterschieden im Verhalten der beiden doch eigentlich so ähnlichen Kulturen, zwischen großer Geste und Understatement.

Einige Jahre lang hatte mein Vorgesetzter versucht, die weltweite Softwareentwicklung für den Konzern nach Deutschland zu holen. Doch die Amerikaner ließen sich diese Position zu unserem Leidwesen nicht nehmen. So kam eines Tages die Nachricht, dass in Philadelphia eine Position des internationalen EDV-Managers geschaffen worden sei und dass diese Position mit einem Mr. Don B. besetzt werden würde.

Nur wenige Wochen nach dieser Ankündigung wurden wir zu einer Besprechung in ein Golfhotel in der Nähe von London eingeladen. Das neue weltweite EDV-Konzept für den Konzern sollte vorgestellt werden. Wir, das waren alle europäischen IT-Verantwortlichen des Unternehmens sowie der Geschäftsführer des europäischen Hauptquartiers. Für die Veranstaltung waren zwei Tage vorgesehen, so dass ein gemeinsames Abendessen am ersten Abend eingeplant werden konnte.

So geschah es dann auch. Zwar war die Besprechung ihrer Natur nach und wie nicht anders zu erwarten recht trocken und teilweise langatmig, wir tafelten dafür jedoch umso hochherrschaftlicher in den Räumen eines alten englischen Schlosses, in dessen ehrwürdigen Mauern das Clubhotel samt Restaurant untergebracht war. Ein Essen, das jemand, der mit allen üblichen Vorurteilen gegenüber der englischen Küche behaftet ist, so gut nicht erwartet hätte. Ein gepflegter französischer Wein rundete das Ganze ab.

Nach dem Essen wurde die Frage nach einem Digestif laut. Von Whisky bis Grappa ging die Bandbreite. Doch unser neuer amerikanischer Freund Don wollte sich von der spendablen Seite zeigen und schlug vor, dass wir alle, als typisch englische Sitte, noch das ein oder andere Glas Portwein trinken sollten. Selbstverständlich musste ein englischer Kollege die Auswahl vornehmen, da Don diesem die größte (Port-)Weinkenntnis zutraute.

Die Getränkekarte wurde gebracht und sehr intensiv studiert. Wie man sich denken kann, war gerade die Auswahl an Portweinen sehr groß, doch nach einigen Minuten der intensiven Suche entschied sich der englische Kollege für einen ganz bestimmten Wein, von dem er auch gleich mehrere Flaschen bestellte, denn immerhin waren wir noch etwa fünfzehn Personen.

Ich weiß nicht mehr, wie viele Flaschen Port wir am Ende getrunken hatten. Jedenfalls war es wohl gegen

Mitternacht, als Don B. entschied, dass die Tafel aufgehoben würde und die Rechnung verlangte.

Der Kellner brachte sie und das Formular für deren Übernahme auf die Zimmerrechnung. Im ersten Augenblick dachte ich, dass Don kurz vor einer Herzattacke stand, als der den Rechnungsbetrag prüfte. Seine Augen traten leicht hervor, er wurde leichenblass und rang sichtlich nach Atem.

Wie ich am nächsten Morgen erfahren habe, lag der Preis des Weines deutlich im dreistelligen Bereich, in englischen Pfund und pro Flasche.

Die amerikanische Großzügigkeit, ja man könnte fast sagen „Großspurigkeit", traf auf englisches „Sportsmanship", Sportlichkeit. Die sportliche Aufgabe bestand darin, den Amerikaner mit seinen eigenen Waffen zu schlagen. Er sollte nicht merken, dass man ihn aufs Glatteis führte und musste am Ende trotzdem kommentarlos die Rechnung übernehmen. Ich vermute, dass er nie wieder in vergleichbarer Situation einen solchen Blankoscheck ausgestellt haben wird.

6. Das indirekte Jäckchen

Ich möchte die britische „Abteilung" mit einer Geschichte zu einem kleinen aber feinen Unterschied zwischen der deutschen und der britischen Kultur beschließen, der jedoch den Umgang der beiden Völker miteinander oft zu einem Problem werden lässt: Eine Anekdote zur deutschen *Direktheit* gegenüber der britischen *Indirektheit*.

Wir saßen wieder einmal in einer der im Rheingau so zahlreich vorhandenen Gutsausschänken. Dieses Mal begleiteten uns unsere englischen Freunde, die einem guten Glas Wein nie abgeneigt waren. Es war Herbst, die Weinberge waren abgeerntet und hatten sich bunt gefärbt. Der Abend rückte näher und die Sonne versank langsam hinter den Hügeln des Rheingaus. Wir genossen die „Blaue Stunde" und unsere Unterhaltung wechselte häufig das Thema: Wir lösten die Probleme der Welt, diskutierten über Deutschland und Großbritannien; ein Thema, das sich bei jedem unserer Treffen immer wieder als größer erwies, als wir anfangs glauben wollten, und das unter guten Freunden aus beiden Nationen auch durchaus kontrovers betrachtet werden darf. Und dies ganz besonders dann, wenn der Riesling eine gemeinsame Basis schafft.

Der Abend brach an, es wurde langsam dunkel und die Temperatur sank merklich – für unsere Breiten im

Herbst nichts Ungewöhnliches. Unsere Freundin aus London unterbrach die Diskussion, indem sie sich mit der Frage an ihren Partner wandte: „Liebling, wird dir nicht langsam kalt?" Er verneinte die Frage, während er aufstand und uns mit den Worten „Ich hole Dir Dein Jäckchen aus dem Auto" verließ. Nach ein paar Minuten kam er mit ihrer Strickweste zurück und legte sie ihr um die Schultern.

Es dauerte ein paar Minuten, bis wir diese Szene verstanden hatten. Noch heute ist sie eine Schlüsselszene für uns, wenn wir es mit Menschen zu tun haben, die aus Kulturen stammen, in denen die direkte Aufforderung, die direkte Bitte, etwas zu tun, ungewöhnlich, wenn nicht gar unhöflich ist.

Wie hätte diese Szene zwischen mir und meiner Frau ablaufen *können*, hätten wir die „britische Variante" benutzt?

Der Abend bricht an, es wird langsam dunkel und die Temperatur sinkt merklich – für unsere Breiten im Herbst nichts Ungewöhnliches. Meine Frau unterbricht die Diskussion und fragt mich: „Liebling, ist Dir nicht kalt?" Ich antworte „Nein" und bestelle mir ein weiteres Glas Wein.

Wie hätte diese Szene zwischen mir und meiner Frau – also unter Deutschen – ablaufen *müssen*?

Der Abend bricht an, es wird langsam dunkel und die Temperatur sinkt merklich – für unsere Breiten im

Herbst nichts Ungewöhnliches. Meine Frau unterbricht die Diskussion und fragt mich: „Liebling, holst Du mir bitte meine Jacke aus dem Auto? Mir ist kalt." Ich antworte „Selbstverständlich", entschuldige mich kurz bei unseren Freunden, gehe zum Wagen, das Jäckchen holen und lege es meiner Frau um die Schultern.

Und so erklären sich viele Animositäten zwischen Briten und Deutschen. Die Briten verstehen nicht, dass wir ihre indirekte Art nicht verstehen. Wir Deutschen stellen etwas konkret fest, behaupten etwas, bitten eindeutig um eine bestimmte Sache. Die Briten nehmen an, vermuten, umschreiben das, was sie gerne hätten, was sie von ihrem Gegenüber erwarten.

Unsere Freundin erzählte uns einmal, dass sie ihren Schlüssel verloren habe, mit dem Satz: „I seem to have lost my key."

Wir Deutschen fragen uns bei dieser Aussage, was sie damit wohl gemeint haben könnte? Man muss doch wissen, ob man seinen Schlüssel verloren hat oder nicht.

James Bond wendet sich in einem seiner Filme an die Hotelrezeption mit den Worten „I suppose, there is a reservation for me." Wieso weiß er das denn nicht, wundert sich der Deutsche. Haben Bond oder Miss Moneypenny die Reservierung nicht selbst vorgenommen? Der Brite *vermutet* in seiner indirekten Art, dass für ihn ein Zimmer bestellt sein könnte.

Kommt ein Deutscher irgendwo in der Welt an eine Hotelrezeption, dann *stellt er fest*: „Für mich wurde ein Zimmer reserviert." Ein interkulturell ungeschulter britischer Empfangschef könnte sich dadurch durchaus brüskiert fühlen.

Bei unserem nächsten Zusammentreffen haben wir den Beiden diese Geschichte und unsere etwas länger dauernde Phase des Verstehens behutsam aber schließlich unter allgemeiner Heiterkeit erzählt. Und noch heute ist diese Episode immer wieder ein Thema, wenn wir uns sehen und immer, wenn uns wieder so eine „indirekte" Seite im Gespräch auffällt, reicht es, zu sagen: „Aren't you cold?" oder „I seem to have lost my key.", um die Unterhaltung auf einen gemeinsamen britisch-deutschen Nenner zu bringen.

Unsere Freunde sind seit damals überzeugt, dass es für sie ein großer Aha-Effekt war und sie die Deutschen jetzt viel besser verstehen, auch wenn es nur ein kleines Mosaiksteinchen in dem komplexen Bild ist, das die beiden Kulturen voneinander haben und das den Umgang miteinander doch so sehr beeinflussen kann.

7. Ein französischer Turm zu Babel

Wenn man sehr häufig ins Ausland reist, ist das Hauptproblem, das immer wieder auftritt, die gesprochene Sprache, denn sie ist das Hauptkommunikationsmittel und sie provoziert kritische und lustige Momente, während die Körpersprache und kulturelle Unterschiede sich erst in zweiter Linie bemerkbar machen. Deshalb findet man in diesem Buch scheinbar auch ein wenig mehr Anekdoten, die sich mit sprachlichen Verständigungsthemen auseinandersetzen, als es dessen allgemeine interkulturelle Thematik erwarten ließe. In diesem Fall jedoch steht die verbale Kommunikation tatsächlich nur scheinbar im Vordergrund. Die zu ziehende Lehre liegt im Hintergrund verborgen.

Bekanntermaßen legen nicht nur Briten und US-Amerikaner eine gewisse Selbstsicherheit an den Tag, was ihre Sprache angeht. Auch die Franzosen sind nach wie vor – selbst wenn es mittlerweile mehr und mehr vor allem jüngere Leute gibt, die sogar mehr als eine Fremdsprache beherrschen – als „Fremdsprachenmuffel" bekannt. Und obwohl in der nun folgenden Geschichte alle Beteiligten eine Fremdsprache sprechen, gibt es doch Kommunikationsprobleme, die nicht nur sprachlicher, sondern auch kultureller Natur sind.

Ich sollte als Projektleiter eine Machbarkeitsstudie mit einem gemischten deutsch-französischen Team durchführen. Neben mir waren zwei deutsche und zwei französische Kollegen aus den Fachabteilungen als Teammitglieder vorgesehen. Die erste Begegnung, das „Kickoff-Meeting", fand in unserer Zentrale in Paris statt. Erst zu diesem Zeitpunkt sollten wir „Frankfurter" unsere Pariser Kollegen zum ersten Mal treffen; wir kannten bis zu diesem Zeitpunkt nur ihre Namen.

Die Überraschung kam gleich zu Beginn. Einer der beiden französischen Kollegen kam während des obligatorischen Kaffees zum Kennenlern-Smalltalk auf mich zu und erklärte mir ein wenig schuldbewusst, dass er aus der Gascogne stamme, deshalb als Fremdsprache Spanisch gelernt habe und leider kein Englisch spreche. Ich musste ihm antworten, dass meine Kollegen leider weder Französisch noch Spanisch sprechen und wir jetzt ein kleines Problem hätten.

Wie konnte ich dieses Problem lösen? Den Kollegen einfach wieder nach Hause respektive an seinen Arbeitsplatz zurückschicken ging auf keinen Fall, denn erstens hatten er und sein Vorgesetzter diese Besprechung eingeplant, und ich würde die gesamte Organisation durcheinander bringen – so denkt der Deutsche! – und zweitens benötigten wir ja seine Fachkenntnis. Aber was viel wichtiger war – denn so denkt der Franzose! – sein Chef hatte ihn ausgewählt, an diesem Projekt teil zu nehmen, was erhebliche Probleme für ihn, seinen Chef und mich aufgeworfen hätte, hätte ich ihn im Team nicht akzeptiert.

Das vordergründige Sprachproblem war in Wirklichkeit ein Problem der in Frankreich deutlich größeren Machtdistanz als in Deutschland. Für den Chef wäre es ein Affront gewesen, den Kollegen zurück zu weisen, denn es hätte bedeutet, dass er eine falsche Wahl getroffen und somit als Vorgesetzter Schwächen gezeigt hat. Der Mitarbeiter wäre in der Situation gewesen, die Anforderungen und den Vertrauensvorschuss seines Vorgesetzten nicht voll zu erfüllen, was unter Umständen seine Karriere in unserer Firma gefährdet hätte. Und schließlich hätte ich den Vorgesetzten düpiert, weil ich seiner Entscheidung widersprochen und ihn damit einerseits in der Firma diskreditiert und ihn mir andererseits durch diese „Beleidigung" möglicherweise zum Feind gemacht hätte.

Was blieb mir also übrig? Nun ja, ich machte gute Miene zum bösen Spiel und fungierte in allen Meetings als Übersetzer. Mit anderen Worten: Meine Frankfurter Kollegen sprachen Englisch oder sogar meistens Deutsch, die französischen Projektmitglieder sprachen französisch und der Projektleiter – der ja eigentlich andere Aufgaben hat – spielte den Dolmetscher. Auf diese Art und Weise wurde das Projekt gerettet, alle waren zufrieden, und nur die Besprechungen dauerten erheblich länger als geplant.

8. Wein vereint, was unvereinbar scheint

Wer gerne Wein trinkt, kennt den einen oder anderen Winzer auch schon einmal etwas näher. Man kann zwar noch nicht von Freundschaft sprechen, aber man ist doch mehr als nur ein „guter Kunde". Und wer in einer deutschen Weingegend geboren wurde, dort lebt und auch noch Freunde in der Champagne hat, der kennt – wenn er nicht gerade ein Verächter von gutem Sekt und Champagner ist – auch den ein oder anderen Champagner-Winzer näher als nur als „guter Kunde".

Und so kann es kommen, dass bei einem Winzer im Gespräch mit seinem „guten Kunden" der Wunsch laut wird, seinen Kollegen jenseits der Grenze kennen zu lernen und dessen Wein vor Ort zu probieren.

So geschah es dann auch eines Tages, dass während eines Besuchs in der Champagne unser Winzer Daniel den Wunsch äußerte, einmal nach Deutschland zu kommen, nicht nur, um uns zu besuchen, sondern auch um einen Winzerkollegen in Deutschland – am besten einen, den wir auch kennen – zu treffen und selbstverständlich eine Weinprobe mit dessen deutschen Weinen zu erleben.

Einige Monate gingen ins Land und schließlich in der Osterwoche hielt der Mercedes mit französischem Kennzeichen vor unserem Haus. Unser Winzerehepaar und die Eltern unserer Freunde waren in der Erwartung angekommen, ein weinseliges Wochenende zu erleben.

Wir hatten uns gut vorbereitet. Und ein etwas längerer Blick ins Wörterbuch, um wenigstens die grundlegenden Begriffe des Weinbaus zu kennen, war nur ein Teil dieser Vorbereitungen. Natürlich musste auch der deutsche Winzer Informationen darüber bekommen, was die Franzosen am liebsten trinken; es galt zu vermeiden, dass der falsche – damit ist nicht gemeint: ein schlechter – Wein auf den Tisch kommt.

Der große Tag war der Ostersamstag. Der Juniorchef war mit seiner Familie in Urlaub, so dass für die Weinprobe der Senior einspringen musste. Dies hatte den Vorteil, dass die beiden Winzer etwa gleichaltrig waren und darum wohl auch eine ähnliche Ausbildung genossen hatten. Nur war der eine eben auf Wein und der andere auf Champagner spezialisiert – auch wenn die Champagnards ebenfalls „Vin" oder „Vin de Champagne" also „Champagner-Wein" sagen, wenn sie ihr so weltweit berühmtes Produkt meinen.

Die Weinprobe begann für uns mit viel Übersetzungsarbeit. Es fing mit der gegenseitigen Vorstellung an, dann wurde über die Betriebsgrößen gesprochen, darüber, was man anbaute und vieles mehr, was wir manchmal mangels Wortschatz nur mit Schwierigkeiten übersetzen konnten. Doch siehe da, je länger die Weinprobe dauerte, je mehr der Wein die Zungen löste, umso besser unterhielten sich die beiden älteren Herren und gegen Ende der Veranstaltung waren wir beide beinahe komplett vergessen. Mit Händen und Füssen, aber auch mit Hilfe der Fachsprache der Winzer, die sich bei vielen Ausdrücken ähnelt – wahrscheinlich nicht nur in Deutsch und Französisch, sondern auch in vielen anderen Sprachen – gelang es den beiden, sich über ihre Vergangenheit genauso zu verständigen wie über ihre Arbeit und ihre Produkte.

Unser Fazit des Abends war: Fachsprache ist international und benötigt, sind einmal die Hemmungen gefallen, (fast) keine Übersetzer. Wir sollten aber dabei die tatkräftige Hilfe des Weines keinesfalls unterschätzen.

9. Europäischer Triathlon

Auf dem Weg vom linear aktiven Deutschen zum multiaktiven Südamerikaner findet man nach etwa einem Viertel auf dem Dreieck von Richard D. Lewis den Niederländer und nach zwei Dritteln der Strecke trifft man auf den Franzosen.

Müssen beide, Niederländer und Franzosen, mit Deutschen zusammenarbeiten, dann kommen Projekte zustande, die unter Umständen gar nicht oder nur sehr spät zu Ende geführt werden können. Jeder der drei hat seine Vorstellungen vom Ablauf des Projekts und jeder versucht, diese durchzusetzen; manchmal auch auf die ein oder andere mehr oder minder subtile Art und Weise. Ein solches Projekt ähnelt einem Triathlon: Visionen – Variationen – Spezifikationen.

Einen solchen Triathlon durfte auch ich einige Zeit lang begleiten: Den Visionen der Franzosen standen die von den deutschen geforderten Detailinformationen gegenüber. Dazwischen fungierte der niederländische CTO eher als Mediator denn als Entscheider.

Als freier Mitarbeiter in einem Relaunch-Projekt der Website einer französischen Firma mit deutscher Muttergesellschaft fühlte ich mich in diesem Umfeld sehr wohl und sah auch zunächst keine Probleme am Projekthorizont. Das sollte sich jedoch bald ändern.

Von der IT-Leitung der deutschen Mutterfirma bekam ich klare Aussagen über meine Aufgaben. Damit kam ich zum ersten Mal in Paris an, wurde dort auch entsprechend in das Team eingeführt und konnte zunächst davon ausgehen, dass ich an allen Besprechungen, die das Projekt betrafen, auch teilnehmen sollte. Doch bald merkte ich, dass es Besprechungen gab, zu denen ich nicht eingeladen wurde oder bei denen ich nicht unbedingt gerne gesehen war. Doch das sei nur am Rande erwähnt, um zu erklären, dass mein Einfluss oder besser gesagt meine Bedeutung im Projekt mit der Zeit zurückging. Umso mehr Zeit blieb mir, die Entwicklung des Projektes quasi als „Außenstehender" zu beobachten.

Teil 1 des Triathlons: Die französische Vision
Um Projekte einzuleiten und zu planen, benötigen Franzosen immer eine Vision. Selbstverständlich sind sie danach durchaus in der Lage, einen detaillierten Projektplan zu erstellen, sonst gäbe es keine Ariane 5, keinen TGV und keinen Airbus A380. Doch die Vision, das große Ziel, zählt und muss quasi als Basis vorhanden sein, bevor irgendetwas anderes getan wird. Dabei ist es nicht erforderlich, dass alles schon bis ins kleinste Detail durchgeplant ist. Ich habe in den sechs Monaten, in denen ich an diesem Projekt mitgearbeitet habe, nie erlebt, dass die ins Detail gehende Präsentation der Ge-

samtaufgabe komplett war. In jeder Besprechung gab es etwas Neues, aber fertig wurde die Präsentation nie.
Die Vision der französischen Kollegen – das soll nicht unerwähnt bleiben – war WEB 2.0! Mit Blogs, Chat-Rooms und viel Kontakt mit den Kunden. Darauf wollte man hinarbeiten. Das Übrige war ja im Prinzip schon vorhanden und wurde bereits parallel zu dem laufenden Planungsvorgang weiterentwickelt.

Teil 2 des Triathlons: Die niederländischen Varianten
Dieser Teil ist der einfachste des Triathlons. Der CTO nahm nur an den Besprechungen teil, die sich mit weittragenden Entscheidungen beschäftigten; man könnte sagen, den Meilenstein-Meetings. Und getreu dem niederländischen Denken, dass man Verträge und Entscheidungen unter Umständen neu verhandeln und alte damit umstoßen kann, wurde manches vom ursprünglichen Projektplan verändert und wieder verändert, solange es sinnvoll erschien. Darunter fiel auch die Definition meiner Aufgaben. Ging es anfangs darum, aktiv an der Gestaltung der Website und des Projektes mit zu arbeiten – wie oft hörte ich im Taxi zum Flughafen vom CTO den Satz „I am with you", wenn ich Vorschläge machte –, so wurde meine Aufgabe mit der Zeit immer weiter reduziert. Der „Zaubersatz" hieß nach einigen Wochen „This is not your job.". Nach drei Monaten war meine Aufgabe auf die Projekt-Dokumentation

reduziert. Logischerweise sanken damit sowohl mein Interesse als auch mein Arbeitsaufwand. Trotzdem flog ich jede Woche für zwei Tage nach Paris. Die IT-Kollegen dort hatten das so gewünscht. Die Folge war viel Freizeit, die es mir ermöglichte, mir altbekannte Orte aufzusuchen und den Veränderungen der letzten Jahre in der französischen Hauptstadt auf die Spur zu kommen.

Teil 3 des Triathlons: Die deutschen Details
Die deutsche Seite war – wider Erwarten, sollte man meinen – für mich die schwierigste. Und dies aus unterschiedlichen Gründen. Zunächst einmal sei kurz erwähnt, dass ich aufgrund meiner Erfahrung als CIO durchaus Vorstellungen davon hatte, wie man einen Internetauftritt innerhalb eines Konzerns gestalten sollte. Aber auf meine Frage nach den Standardvorgaben bezüglich der Corporate Identity, wurde ich an ein sich gerade in der Schlussphase befindendes Projekt verwiesen, bei dem jedoch schon die einzelnen Pflichtenhefte vom Aufbau her unterschiedlicher kaum sein konnten.
Andererseits gab es weiterhin das Problem der französischen Tochter, die ja partout nicht mit den Detailplänen fertig wurde. Da meine Aufgabe mittlerweile stark reduziert worden war, konnte auch ich der deutschen Mutter logischerweise keine Details liefern, denn es gab sie nicht – noch nicht oder vielleicht auch nur für mich nicht.

Während in Frankreich weiterhin fleißig diskutiert wurde – was mir einheimische Freunde bereits viele Jahre vorher als landestypisch erklärt hatten –, wartete man in Deutschland auf den möglichst weitgehend detaillierten Projektplan. Aber bei jeder großen Besprechung wurde immer wieder nur der Phasenplan vorgelegt. Aufgabendefinitionen und Ressourcenpläne waren nicht oder nur rudimentär vorhanden. Auf diese Art und Weise verging der Sommer und nach der ebenfalls für Frankreich typischen Pause im Juli und August stellten die Chefs in Deutschland, denen vielleicht gar nicht bewusst war, dass in dieser Zeit in Frankreich so gut wie nicht gearbeitet wird, fest, dass sich ja in den letzten Monaten rein gar nichts bewegt habe. Man sah keinen Sinn mehr in meiner Präsenz in Paris und zog mich vom Projekt ab. Schade für mich, denn ich fühlte mich in der Stadt, aber auch unter den französischen Kollegen, sehr wohl.

Für mich ging eine Zeit zu Ende, die mir sehr viel Freude gemacht hatte, weil man selten so gut Arbeit und Freizeit in einer so fantastischen Stadt miteinander verbinden kann und auch noch dafür bezahlt wird. Wer schließlich den interkulturellen Triathlon gewonnen hat, das konnte ich nicht mehr verfolgen. Ich jedenfalls gehörte zwar nicht zu den Siegern, konnte jedoch neben dem Gefühl, ein wenig Urlaub zu genießen, für meine späteren Aufgaben in dieser kurzen Zeit sehr viel lernen.

10. Choucroute – mon amour

Vorurteile und Stereotypen sind bekanntlich extrem langlebig. Selbst viele Jahrzehnte des deutsch-französischen Austauschs haben es bei manchen Franzosen nicht geschafft, die Mär vom Unmengen an Sauerkraut vertilgenden Deutschen auszurotten. Schon der französisierte Name, „choucroute", von elsässisch „Sü:rkrüt" für Sauerkraut, verweist auf die vermeintlich deutschen Wurzeln der „Spezialität".

Wir haben dem in unserem französischen Freundes- und Bekanntenkreis auch nie bewusst etwas entgegen gesetzt – außer wenn man uns selbst unbedingt Sauerkraut vorsetzen wollte, obwohl wir in Frankreich eine andere Küche gesucht und auch gefunden haben. Denn das scheint ja immerhin – schaut man einmal genauer hin – gar nicht so falsch zu sein: Bayrisch Kraut, Leberknödel mit Sauerkraut und vieles mehr lassen darauf schließen, dass an dem Vorurteil tatsächlich etwas dran sein könnte. Selbstverständlich wussten und wissen wir, dass der Verzehr von Sauerkraut jedoch eher im Elsass als in deutschen Landen rekordverdächtig ist. Nur, diese Region gehörte in der Vergangenheit immer wieder zu Deutschland und die Franzosen haben wohl dadurch bis heute nicht wahrgenommen, dass es ihre eigenen Landsleute sind, die gerade jenem Produkt, das sie eigentlich mit uns Deutschen assoziieren, so fleißig zusprechen. So zumindest haben wir uns die französische Vorstellung von den Deutschen als Großverbraucher von Sauerkraut mehr oder weniger laienhaft erklärt.

Daran änderte sich nichts, bis wir dieses Thema dann eines Tages mit den Eltern unserer Freunde in der Champagne – als wir wieder einmal bei einem netten Glas „Vin" (wie der Champagner ja dort genannt wird) – diskutierten. Zu unserem Erstaunen stellten sich unsere Gesprächspartner samt und sonders als absolute Sauerkrautfanatiker heraus, die regelmäßig mehrere hundert Kilometer in die Nähe von Straßburg fuhren, um dort das „beste Sauerkraut der Welt" zu kaufen. Natürlich in größeren Mengen, als Vorrat, und natürlich nicht ohne vor Ort auch ein entsprechendes Spezialitätenrestaurant aufzusuchen und richtig in ihrer Leibspeise, einer gigantischen „choucroute garnie", mit Gepökeltem, Würsten und vielen anderen „Schweinereinen" förmlich zu „baden".

Wir begriffen: Stereotype und Vorurteile halten sich nicht nur sehr lange, es wird auch gern übersehen, dass man selbst gar nicht so viel anders ist als der Nachbar. Die richtige Eigenwahrnehmung ist manches Mal doch nicht so stark ausgeprägt, wie man meinen sollte. Andererseits, schaut man genauer hin, findet man oft mehr Gemeinsamkeiten zwischen zwei Kulturen, als man sich vorgestellt hatte, und sei es auch nur in Form von Sürkrüt.

11. Tapas schlagen Eisbein 1:0

Wie sieht echte Integration aus? Ich glaube, wir haben in den 1970er Jahren ein wunderschönes Beispiel erlebt.

Unser erster „großer" Urlaub als Studenten musste logischerweise preiswert sein. Die Wahl fiel auf Mallorca, ein Sonderangebot im Frühjahr – in der Vorsaison – verhieß uns drei erholsame Wochen „zum Preis von zweien", das unseren knappen Geldbeutel nicht allzu sehr belasten sollte.

Leider startete der Urlaub mit einer kleinen Panne: Aufgrund der Namensgleichheit zweier Hotels verpassten wir, weil man uns zum falschen Abfahrtsort geschickt hatte, unseren Transferbus vom Flughafen zum Hotel. Der Bus wäre in den Norden der Insel gefahren, wir mussten aber in den Süden, nach Can Pastilla, gleich neben der auch damals schon berühmt-berüchtigten Playa de Palma. Dadurch kamen wir erst kurz vor Mittag in unserer Unterkunft an und wegen dieser „späten" Stunde auch zu unserer ersten „Begegnung der dritten Art" an der Bar, denn gleich nach dem Auspacken der Koffer beschlossen wir, einen Aperitif an der Hotelbar zu nehmen (wir hatten Vollpension gebucht) und erst nach dem Mittagessen und der darauffolgenden Siesta an den Strand zu gehen.

Kaum hatten wir unseren Drink vor uns stehen, lernten wir auch schon einen der „überwinternden" deutschen

Rentner kennen, das heißt, er ließ uns gar keine andere Wahl, als ihn kennen zu lernen. Er setzte sich neben uns an den Tresen und sprach uns sofort an, als er merkte, dass wir deutsch sprechen. Nach der üblichen Vorstellungsrunde kam er direkt auf den für ihn interessantesten Punkt: „Wissen Sie wo es das beste Eisbein auf ganz Mallorca gibt?" Und ohne auf unsere verneinende Reaktion zu warten, fügte er hinzu: „Beim *Langen Schmitz*! Da müssen Sie unbedingt einmal hingehen".

Wir nickten höflich und wandten uns wieder der Besprechung unserer Pläne für die nächsten Wochen zu. Denn wenn wir auf Mallorca irgendetwas garantiert **nicht** essen wollten, dann war es deutsche Küche und an allererster Stelle Eisbein. Wir ahnten jedoch zu diesem Zeitpunkt noch nicht, wie schnell das Essen beim *Langen Schmitz* für uns Realität werden sollte, allerdings auf eine ganz andere Art und Weise als der ältere Herr es sich hätte träumen lassen. Es hätte ihn wahrscheinlich gegraust, wenn er erfahren hätte, was uns dort erwartete. Der Zufall wollte es, dass wir Freddy, einen elsässischen Zauberer, kennenlernten, der im Ort lebte, in der Vorsaison noch ohne Engagement war und somit sehr viel Zeit hatte. Wir verbrachten die eine oder andere Stunde mit ihm und seinem Hund, einem jungen Dobermann. Eines Tages lud er uns ein, mit ihm zum Tapas-Essen zu gehen. Man kann sich vorstellen, dass wir nicht schlecht staunten, als er uns zum *Langen Schmitz* führte!

Ein deutsches Lokal auf Mallorca und Tapas? Wir waren sehr, sehr skeptisch, wollten allerdings keine Spielverderber sein und willigten ein. Zugegeben, wir waren auch ein wenig neugierig darauf, was uns dort erwarten würde.

Der Eintritt in das Lokal wirkte auf uns wie ein Kulturschock. Wir kamen aus der spanischen Umwelt in eine typisch deutsche Umgebung. Wir glaubten, in wenigen Sekunden die über eintausend Kilometer wieder zurückgelegt zu haben, die wir erst wenige Tage vorher hinter uns gelassen hatten, um uns zu erholen und etwas anderes zu erleben. Aber jetzt waren wir urplötzlich wieder zurück im tiefsten Deutschland unserer Elterngeneration.

Unser Bekannter hatte unsere nervösen Blicke offensichtlich bemerkt und beruhigte uns. Wir würden nicht hier bleiben. Er steuerte auf einen durch einen Vorhang abgetrennten Nebenraum zu, aus dem nicht nur eine dichte Qualmwolke drang – was uns damals nicht störte, weil wir selbst noch Raucher waren – sondern von wo aus auch unüberhörbar fröhliche spanische Laute herüberklangen.

Und inmitten der lustigen Gesellschaft stand ein Mann, ein Hüne von knapp zwei Metern und diskutierte gestikulierend auf Spanisch. Es war uns sofort klar, nur dieser Mann konnte „der lange Schmitz" sein!

Freddy machte uns mit dem großen Herrn bekannt und wir setzten uns an einen freien Tisch, um zunächst unseren Durst und unseren Hunger zu stillen. Wir waren tagelang durch Palma de Mallorca und seine Vororte auf der Suche nach einem spanischen Restaurant gewandert. Alles was wir fanden, war „deutsche Küche", „Tea like Mum makes" und ähnliche Ankündigungen in fast allen westeuropäischen Sprachen. Spanisch war leider nicht dabei. Im Hotel hatten die meisten Deutschen ihren Nescafé und ihre deutsche Marmelade mitgebracht; sie verschmähten die einheimischen Produkte, gingen lieber in die Lokale, deren Namen nach Heimat klangen und deren Angebote auf der Speisekarte nach zu Hause schmeckten.

Und jetzt saßen wir in einem dieser Touristenrestaurants im Hinterzimmer, zusammen mit einem halben Dutzend Mallorquinern und hatten ausgerechnet beim *Langen Schmitz* – endlich, nach tagelangem Suchen! – eine typisch spanische Tapas-Platte vor uns stehen. Alles war nach unserem Geschmack: so hatten wir uns unseren Urlaub vorgestellt!

Später kam auch der Wirt zu uns und gab uns bereitwillig interessante Informationen über sein Restaurant. So ließ er drei Mal in der Woche deutsche Produkte – vom Eisbein über Hähnchen bis hin zu Leberwurst und Schwarzbrot – einfliegen. Bei den Getränken war es genauso: Deutsches Bier, deutscher Wein, deutsches

Mineralwasser. Die hohen Kosten konnte er mühelos an seine deutschen Kunden weitergeben.

Besonders die Langzeiturlauber, meist deutsche Rentner, waren nach kurzer Zeit so wild darauf, ein deutsches Essen zu bekommen, dass sie beinahe jeden Preis zahlten. Er verdiente wohl nicht schlecht dabei. Wir hingegen saßen nebenan, hatten gerade eine köstliche Tapas-Mahlzeit genossen und hörten zu, wie der „lange Schmitz" und seine spanischen Freunde ihre Anekdoten über die deutschen Gäste jenseits des „eisernen Vorhangs" austauschten. Zumindest könnte man es so einigermaßen höflich ausdrücken.

Der „lange Schmitz", ein echtes, wunderbares und gelungenes Beispiel von Integration, ohne dass er seine eigene Identität aufgegeben hatte.

12. Deutschland mit Sonne

Ein Kurztrip nach Gran Canaria, um unsere gute Freundin Mara zu besuchen, die als damals jüngste Richterin Spaniens wie bei einer Erstanstellung dort üblich für einige Jahre „in die Provinz" verschickt worden war, brachte uns ganz neue Erkenntnisse über die Einstellung der Spanier gegenüber uns Deutschen, ja wahrscheinlich gegenüber allen Touristen.

Die kleine Wohnung, die uns Mara überließ, lag im Herzen von Las Palmas de Gran Canaria, der Inselhauptstadt. Mit dem Mietwagen konnten wir von dort aus alle uns interessierenden Punkte erreichen. Es waren die letzten Wochen, die unsere Freundin auf der Insel verbringen würde, denn durch geschicktes Taktieren hatte sie es in kürzester Zeit erreicht, wieder zurück in die Heimat nach Madrid versetzt zu werden. Dadurch hatte sie ziemlich viel Zeit, sich um uns zu kümmern, denn sie musste nur noch stundenweise in ihr Büro nach Maspalomas.

Selbstverständlich nutzten wir die Gelegenheit, sie an einem dieser Bürotage in den Süden der Insel zu begleiten. Auch wenn wir die Massen an den Stränden genauso wenig mögen wie die Hotelburgen des damals modernen Tourismus, waren wir doch begierig, den bekannten Badeort einmal zu erkunden. Allerdings hatten wir damals auch noch ganz andere, positivere Vorstellungen vom Massentourismus und vom Verhalten unserer Landsleute in diesen Urlaubszentren.

Mara setzte uns am Strand ab, wir verabredeten einen Treffpunkt und fragten sie, ob wir ihr während ihrer Bürozeit einen Gefallen tun könnten. Sie bat uns um etwas, das uns – zunächst – kinderleicht erschien, sich aber sehr schnell als eine schier unmögliche Aufgabe herausstellte. Sie bat uns, die spanische Tageszeitung *El País* zu kaufen.

Da es noch früh am Morgen war, verschoben wir das Sonnen- und anderes Baden zunächst einmal und machten uns auf den Weg an den Strand, um an den Hotels entlang zu schlendern und dabei so ganz nebenbei in einem der Läden auf der Strandpromenade auch Maras Wunsch nach einer spanischen Zeitung zu erfüllen.

Ersteres war schnell erledigt: ein paar Postkarten kaufen und hier und da in ein Restaurant schauen, seine Speisekarte studieren. Letzteres jedoch stellte uns auf eine harte Geduldsprobe. Zeitungen konnte man überall, in jedem Hotel, in jedem Shop kaufen, die Auswahl war groß: *Bild*, *FAZ*, *Süddeutsche*, *Stern*, *Spiegel*, um nur eine kleine Auswahl zu nennen. Leider aber war kein einziger spanischer Titel darunter. Wir waren am Verzweifeln und wollten schon aufgeben, denn immerhin waren wir nun bereits mehr als eine Stunde unterwegs, hatten mindestens ein Dutzend Zeitungskioske, Buchhandlungen und Ähnliches besucht; eine spanische Zeitung hatten wir nicht gefunden. Aber schließlich war uns das Glück doch noch hold. Die so intensiv gesuchte Zeitung *El País* war gefunden und gekauft.

Und es wurde langsam auch Zeit umzukehren, wir mussten ja dieselbe Strecke auch wieder zurücklaufen und Mara wollte sich an diesem Tag nicht mehr als drei Stunden mit der Auflösung ihres Büros beschäftigen. Wir schafften es, vor ihr an der vereinbarten Strandecke zu sein und verbrachten, um uns von dem langen Marsch der Zeitungssuche zu erholen, die Mittagszeit in der Frühlingssonne liegend am Strand von Maspalomas. Auf ein Mittagessen in der Umgebung, die wir gerade kennen gelernt hatten, verzichteten wir alle drei mit Freuden.

Doch es sollten noch weitere „Überraschungen" auf uns warten. Wir mussten uns für die nächsten Tage mit Lebensmitteln eindecken. Was gibt es zu diesem Zweck in einem fremden Land besseres als einen Supermarkt: Man hat freien Zugriff auf alle Produkte und braucht nicht zu fragen. Gesagt, getan, geschockt. Statt spanischer Produkte fanden wir hier – bis hin zum Kräuterquark – alles, was wir bereits aus deutschen Supermärkten kannten, und was wir eigentlich überhaupt nicht gesucht hatten.

Auf unsere Frage, wieso die Supermärkte so voller deutscher Waren seien und ob die deutschen Touristen wirklich nichts anderes wollten, antwortete unsere Freundin:

„Ihr Deutschen, ihr wollt nur Deutschland mit Sonne. Alles andere, wir und unsere Kultur, interessiert euch ja gar nicht."

Harte Worte, die aber nicht von der Hand zu weisen waren. Wir konnten sie – zumindest nach dem was, wir mit den Touristen vor Ort erlebt hatten – leider nicht widerlegen. Heute haben wir das Gefühl, dass sich die Lage und die Touristen ein wenig gebessert haben, auch wenn die Mittelmeerinsel Mallorca, die bekanntermaßen mittlerweile – ironisch zwar, aber mit einem sehr wahren Kern – bisweilen als „siebzehntes deutsches Bundesland" bezeichnet wird, und wir viele Jahre, bevor sie diesen zweifelhaften Beinamen bekam, schon auf der anderen spanischen Insel – wenn auch im Atlantik – die Anfänge dieser Entwicklung miterlebt haben.

13. Limousinenservice

Sommerolympiade 1992. Olympiade in Barcelona. Unser Sommerurlaub 1992. Urlaub in Südfrankreich, aber erst drei Wochen nach dem Ende der Olympiade.
Spontan hatten wir beschlossen, unseren Urlaub in Collioure für ein Wochenende zu unterbrechen und unsere Freundin Isa in Barcelona zu besuchen. Sie war sofort bereit, uns zu empfangen und uns ein wenig von ihrer Heimatstadt zu zeigen, und fragte nach, ob wir einen besonderen Wunsch, eine Idee hätten, was wir auf jeden Fall sehen möchten. Meine Antwort war: „Die olympischen Stätten, bevor sie ab- oder umgebaut werden".
Freitagabends im Berufsverkehr erreichten wir Barcelona. Wir sahen das Hotel etwa fünfundvierzig Minuten bevor wir es erreichen und dort parken konnten: Wochenendstau. Aber wir hatten ja Zeit. Wir waren mit Isa erst frühestens um 21 Uhr zum Aperitif verabredet, eine immer noch „sehr frühe Zeit" für unsere Freundin.
Die wichtigste Information, die wir an diesem Abend bekamen, war, dass wir am Sonntag pünktlich um zehn Uhr morgens in der Hotellobby sein sollten. Es fiel uns nicht auf, dass Isa – was eigentlich für eine Spanierin nicht so wichtig sein sollte – auf das Wort „pünktlich" so ungewöhnlich großen Wert legte.
Den Samstag verbrachten wir alleine mit Stadtbummel, Museum und anderen „Kleinigkeiten", die Touristen

halt so tun. So ganz unbedarft waren wir ja in dieser Stadt nicht, denn es war nicht unser erster Besuch dort und zumal wir auch keine Sprachprobleme hatten (zumindest solange wir es nicht mit deren extrem katalonientreuen Einwohnern zu tun bekamen).

Sonntagvormittag, um 9 Uhr und fünfundfünfzig Minuten warteten wir in der Hotelhalle. Nur wenige Minuten später stand Isa vor uns und bat uns, mit ihr nach draußen zu kommen. Wir hatten erwartet, dass entweder ihr Ehemann im Auto auf uns wartete oder dass sie alleine mit ihrem Wagen gekommen war. Aber, was wir vor dem Hotel vorfanden, war die große Überraschung unseres Urlaubs.

Vor uns stand eine große schwarze Limousine. Davor stand eine junge Frau, die uns mit den deutschen Worten begrüßte: „Ich bin ihre Stadtführerin". Und hinten neben dem Wagen stand ein Mann in Livree und hielt uns die Tür auf. Auf dem rechten vorderen Kotflügel des Wagens konnte ich beim Einsteigen in den Augenwinkeln den Wimpel der Stadt Barcelona erkennen.

Vier Stunden fuhren wir zu allen Orten, an denen Wettkämpfe der olympischen Spiele stattgefunden hatten. Vier Stunden, in denen wir alles erfuhren, was über die olympischen Spiele und die Sportstätten noch gesagt und gezeigt werden konnte, Geschichte, Ereignisse und Zukunft.

Um 15 Uhr saßen wir dann – jetzt wieder nur zu dritt – im berühmten Barceloneser Restaurant „Els Quatre Gats" und genossen unser Mittagessen, total erschlagen von dem Wasserfall an Informationen, der im Laufe des Vormittags über uns hereingebrochen war. Wir konnten natürlich auch nicht direkt fragen, wie wir zu dieser Ehre gekommen waren; das wäre unhöflich gewesen. Wir konnten es aber erraten.

Es war natürlich der Nationalstolz der Katalanen, die Olympiade ausgerichtet zu haben. Aber allein deswegen stellt die Stadt Barcelona uns „Nonames" kein Fahrzeug kostenlos samt Fahrer und Stadtführerin zur Verfügung. Uns nicht und Isa auch nicht.

Woran lag es also?

Wie wir wissen, spielt in Spanien in allen Bereichen die Person, mit der man zu tun hat, und das Verhältnis, das man zu dieser Person hat, eine große Rolle. Im Gegensatz zu Deutschland, wo man eher auf die Sache fixiert ist.

Und so kam es, dass Isa, die uns sehr mag, uns einen großen Gefallen tat. Diesen Gefallen konnte sie aber nur tun, weil sie einer stadtbekannten Familie entstammt. Ihr Vater war ein berühmter Forscher und Berater der katalanischen Regierung während der Vorbereitung der olympischen Spiele. Und somit war es überhaupt kein Problem für unsere Freundin, Wagen und Personal für ihre ausländischen „amics" zu organisieren. Die Mitarbeiterin oder der Mitarbeiter der Stadtverwaltung sah es als Ehre an, für sie und uns diesen halben Tag zu genehmigen. Wir fühlten uns natürlich wie die Könige. Die Sache, das heißt der Wagen, das Personal und natürlich die Kosten für den ganzen Aufwand inklusive Gastgeschenke spielte dabei lediglich eine untergeordnete Rolle.

In Spanien heißt es, „die Freunde meiner Freunde sind auch meine Freunde". Und dies ist positiv gemeint. In Deutschland bezeichnet man solche Gefälligkeiten mit dem negativen Begriff „Vitamin B".

Man kann sich aussuchen, wie man es ausdrücken möchte. Wir jedenfalls haben es genossen, wir haben es positiv gesehen. Für uns war es ein herrliches Wochenende, das mit dem großen Ereignis der Stadtrundfahrt mit Stander seinen Höhepunkt erreicht hatte. Und Isa schulden wir selbstverständlich bei ihrem nächsten Besuch bei uns einen vergleichbaren „kleinen" Gefallen.

14. Warten auf Alfred

So wenig begeistert manche Spanier über die alljährlichen Touristeninvasionen sein mögen: Wir haben auch die andere, die menschliche Seite des Tourismus in Spanien kennen gelernt.

Einundzwanzig Jahre nach unserem Erlebnis mit dem „langen Schmitz" waren wir noch einmal auf Mallorca. Dieses Mal begleiteten wir meinen stark gehbehinderten Schwiegervater Alfred, dessen langjähriger großer Wunsch es war, einmal diese Insel zu besuchen. Er war ein begeisterter Hobbymaler und wir dachten, er könnte – wie bei früheren Urlaubsreisen auch – einige Aquarelle von der Insel und natürlich von der kleinen Bucht, in der wir wohnten, malen.

Wir hatten eine Strandwohnung im Südwesten gemietet, in der Annahme, dass mein Schwiegervater mit seiner Gehbehinderung manchmal lieber zu Hause bleiben und sich seiner Staffelei widmen würde. Doch wir irrten uns. Er wollte – nach dem berechtigten Motto: Wer weiß, ob ich noch einmal hierher komme – auf allen unseren Touren dabei sein, auch wenn es für ihn manchmal sehr ermüdend und für uns nicht ganz einfach war.

Der Besuch der „Cuevas del Drach", der „Drachenhöhlen" im Osten der Insel wurde für uns zur logistischen Herausforderung. Treppauf, treppab, bergauf, bergab und mit wechselnden Bodenqualitäten, kam Alfred meist nur deutlich langsamer voran als der Rest der Besuchergruppe. Wir arrangierten es so, dass wir ihn, während einer der Führer seine Erklärungen abgab, an der stehenden Gruppe vorbeilotsten, so dass wir einen kleinen Vorsprung hatten, den wir, bevor wir zur nächsten Sehenswürdigkeit kamen, schon wieder deutlich verloren hatten. Ehrlich gesagt, wir kamen regelmäßig ein gutes Stück hinterher. Uns war das ein wenig peinlich, weil wir so die ganze Gruppe aufhielten und dachten, dass wir die Höhlenführer, von denen aus Sicherheitsgründen einer immer hinter uns bleiben musste, mehr und mehr frustrierten. Doch wir wurden eines Besseren belehrt.

Wer die Höhlen kennt, weiß, dass deren große Attraktion der hohe Raum mit dem unterirdischen See ist, über den, wer wollte, nach einer kurzen Lichtshoweinlage, auch mit dem Boot fahren konnte. Für das Spektakel ist ein kleines Amphitheater mit Sitzbänken in den Fels gehauen. Wie an jeder Station kamen wir als Letzte, eine oder zwei Minuten nach der Gruppe, dort an. Wir beide kannten im Gegensatz zu meinem Schwiegervater die Höhlen schon und rechneten damit, dass er mühsam viele Stufen bis in die letzten freien Reihen hochsteigen müsste.

Als wir aber um die Ecke in das Theater einbogen und uns auf den Weg nach oben machten, versperrte uns einer der Führer den Weg und deutete auf eine Bank in

der ersten Reihe. Er, von dem wir dachten, er sei nicht gerade gut auf uns zu sprechen, hatte für uns drei Plätze freigehalten, um meinem Schwiegervater den mühsamen Weg nach oben und wieder zurück zu ersparen.
Eine Geste, die wir als Deutsche nicht erwartet hätten.
Sicherlich war das nicht ganz uneigennützig, hätte ihn der Verzicht auf diese Geste doch die Zeit gekostet, die mein Schwiegervater für den Abstieg benötigt hätte. Es zeigt aber auch, dass der Stellenwert eines alten Mannes und eines Behinderten in der spanischen Kultur ein ganz anderer ist als in Deutschland. Es war für ihn bestimmt nicht einfach, diese drei Plätze frei zu halten, zu blockieren gegenüber einer Horde von Besuchern, von denen die wenigsten seine Sprache sprechen konnten und von denen einige bestimmt lieber selbst dort sitzen wollten, wo wir sitzen durften.
Auch hier konnten wir wieder beobachten, dass in der spanischen Kultur die Person im Vordergrund steht und nicht die Sache oder die Zeit, die wir verloren hätten. Dass unser Höhlenführer für diese kleine Geste auch ein etwas besseres Trinkgeld erhielt als sonst üblich, brauche ich bestimmt nicht extra zu erwähnen.

15. Opera Romana

Die Oper, das ist Italien!
Die Oper ist den Italienern heilig!
So jedenfalls lautet das Fazit eines musikalischen Diners in Rom, das ich mit meinen überwiegend deutschen Kollegen zum Abschluss eines großen europaweiten Projekts genoss.

Wir waren eine Gruppe von über achtzig Personen (fast alle Deutsche), die zum Abschlussbankett des Projektes in eine Villa auf einem der Hügel Roms eingeladen war. Das mehrgängige Menu wurde begleitet von klassischer Musik, dargeboten von einem Sängerpaar der Opera di Roma.

Der Abend verlief in einer grandiosen Atmosphäre; das Essen war genauso köstlich wie die begleitenden Weine, der Service perfekt und die Sänger gaben ihr Bestes, um uns „Tedeschi" zu unterhalten und uns die italienische Opernkultur nahe zu bringen.

Nach dem Dessert jedoch gab es einen deutlichen Bruch, dem viele Gäste mit Unverständnis begegneten. Nachdem Espresso und Grappa serviert worden waren, trat das Sängerpaar zum Abschluss des Konzertes noch einmal zu einer etwa halbstündigen Darbietung an. Eine lange Zeit für manchen Kollegen, der nicht so viel mit Oper anfangen konnte, der lieber noch eine Tasse Kaffee, einen Grappa oder schlicht Mineralwasser zur Konzertbegleitung getrunken hätte.

Aber siehe da: Kellner und Kellnerinnen waren wie vom Erdboden verschluckt. Zeigte sich zufällig einmal jemand vom Personal, dann reagierte er oder sie nicht auf die immer verzweifelter werdenden Handzeichen, die nach etwas „Mehr" flehten, mehr Kaffee, mehr Grappa. Aber all das Winken und andere Versuche, auf sich aufmerksam zu machen, waren fruchtlos.

Doch kaum war die halbe Stunde vergangen, der Applaus noch nicht verklungen, da erschien der Service wie ein „Deus ex machina" aus der Küche und brachte das lang Ersehnte.

Dabei fiel auf, dass zuerst diejenigen bedient wurden, die so lange mit Handzeichen versucht hatten, an das ersehnte Nass zu kommen. Die Kellner und Kellnerinnen hatten sich ganz offensichtlich genau gemerkt, wer am Verdursten war. Selbstverständlich wurden auch den übrigen Gästen die gewünschten Getränke gebracht.

Was habe ich daraus gelernt? Stereotyp ja, Vorurteil nein: Oper ist den Italienern tatsächlich heilig und darf nicht gestört werden, selbst mit dem Risiko, dass das Trinkgeld deutlich niedriger ausfallen könnte als üblich.

16. „Listen, Gottfried!"

Roberto war ein wichtiger Mann!
Roberto war IT-Leiter in unserer Mailänder Niederlassung und in dieser Funktion mir fachlich unterstellt.
Roberto war sehr schwer telefonisch zu erreichen.
Zwei- bis dreimal im Jahr (manchmal auch noch häufiger) flog ich nach Italien, um mich mit ihm zu treffen und – wie auch mit meinen anderen Anwendern in den anderen Ländern – den aktuellen Stand und die zukünftige Entwicklung zu besprechen. Dann galt es, einen Termin mit ihm abzustimmen. Ein Unterfangen, das gar nicht so einfach war (siehe oben).
Und jedes Mal lief die Geschichte genauso ab, von kleinen Varianten einmal abgesehen, wie ich sie jetzt erzählen werde.
Erster Schritt: Ich möchte telefonisch nachfragen, welche der mir genehmen Tage auch für Roberto akzeptabel sind. Dazu rufe ich in Mailand an, am Apparat meldet sich seine Assistentin. Roberto sei gerade sehr beschäftigt, in einer wichtigen Besprechung oder Ähnliches, wurde mir beschieden. Er rufe mich zurück (Eine kleine Anmerkung für die „Digital Natives": E-Mail und Internet gab es damals noch nicht!).
Zweiter Schritt: Roberto ruft nach nur wenigen Minuten zurück. Das Gespräch verläuft immer mehr oder weniger auf die gleiche Art und Weise:

Roberto (mit extremem italienischem Akzent und nach der Begrüßung):
"Listen, Gottfried, I do not want to disturb you".
Und nach der Terminabstimmung und ein wenig Smalltalk:
"But, listen, Gottfried, I know you are busy and I am busy too. But, listen, Gottfried, I cannot come to pick you up at the airport. You have to take a taxi."
Anfangs war ich sehr überrascht und hielt dies für grob unhöflich, war ich doch von anderen Niederlassungen gewohnt, dass irgendjemand am Flughafen auf mich wartete und mir so das lästige Taxifahren ersparte. Doch merkte ich schnell, was hinter dieser Attitüde steckte.
Roberto unterlag dem Gesetz der hohen Machtdistanz. Deswegen musste auch immer seine Assistentin zunächst das Telefongespräch entgegen nehmen und mich auf einen späteren Zeitpunkt vertrösten. Er selbst konnte nicht zum Flughafen kommen, weil er damit Probleme hätte, das Gesicht gegenüber seinen Kollegen und Mitarbeitern zu wahren. Jedoch jemand anderen zu schicken, wäre aus seiner Sicht mir, als seinem Fachvorgesetzten, gegenüber auch wieder unschicklich gewesen. Er befand sich in einem Dilemma, aus dem er seiner Meinung nach nur herauskommen konnte, indem ich überhaupt nicht abgeholt wurde. Das Ganze wurde mit der hohen Arbeitslast begründet und mir so verkauft, dass er auch mir – zu Recht oder zu Unrecht sei un-

kommentiert – unterstellte, ein ebenso hohes Arbeitspensum zu haben.

Nachdem ich erkannt hatte, was hinter seinem Verhalten steckte, erhob ich die Terminabstimmungen mit Roberto zum Spiel zwischen uns beiden. Wohl wissend, wie es enden würde, fragte ich ihn vor jedem Besuch in Mailand, ob er mich vom Flughafen abholen könne. Wie schon beschrieben, gab es einige Ausreden-Varianten, nur das Grundprinzip war immer das gleiche: Zu viel Arbeit.

Aber das hielt ihn nie davon ab, mir nach Feierabend die Sehenswürdigkeiten seiner Stadt zu zeigen und mich zu einem schönen Abendessen einzuladen.

Doch nicht nur seine Ausreden machten mir viel Freude. Auch sein nicht gerade akzentfreies Englisch und sein in fast jedem Satz vorkommendes „Listen, Gottfried" erheiterten mich. Mag sein, dass dies politisch nicht korrekt war, dass ich mich auf seine Kosten amüsierte, aber man muss unter netten Kollegen auch einmal Fünfe gerade sein lassen.

17. Leave it, it's close

Und noch eine Geschichte gibt es von Roberto zu erzählen. Eine Geschichte aus der Anfangszeit unserer Zusammenarbeit.

Die Abteilung Informationsverarbeitung unserer italienischen Niederlassung kam im Rahmen von organisatorischen Veränderungen unter meine Regie. Da wir kurzfristig die existierende internationale Software nicht für Italien anpassen konnten, blieb es in Mailand zunächst bei den dort eingesetzten Programmen. Die Lira mit ihren hohen Beträgen setzte uns bei der Weiterentwicklung unserer Standardsoftware Grenzen, aber es gab Hoffnung, denn man sprach damals schon länger davon, die „Lira Pesa" einzuführen, eine um den Faktor 1000 verkleinerte Währungseinheit (1000 Lire entsprachen ungefähr einer Deutschen Mark, also etwa 50 Cent.), was uns die Arbeit erleichtert hätte. Als dann fünfzehn Jahre später der Euro eingeführt wurde, war mir klar, die Lira Pesa war zwar diskutiert, aber die Details waren offensichtlich nie definiert, vielleicht sogar aus politischen oder wirtschaftlichen Gründen nie gewollt und realisiert worden.

Wieso erinnert mich das an so manches Erlebnis in Paris?

Nichtsdestotrotz erwartete mein Vorgesetzter, der Geschäftsführer der europäischen Holdinggesellschaft, dass das EDV-gestützte Berichtswesen in Frankfurt in irgendeiner Form auch die Zahlen aus Mailand ausweisen müsse. Also erhielt Roberto ein Muster der (für Kenner: mittels DATEX-P!) zu übertragenden Daten und sollte schnellstmöglich dafür sorgen, dass seine Zahlen täglich nach Frankfurt übertragen wurden.

Doch es vergingen mehrere Wochen, ohne dass ein sichtbarer Erfolg eintrat. Als letzten Joker schickte ich schließlich einen meiner besten Programmierer für zunächst unbestimmte Zeit nach Italien, damit er das Problem gemeinsam mit Roberto in den Griff bekäme. Er war dafür prädestiniert, da er zumindest mit der in Mailand eingesetzten Hardware bestens vertraut war und lediglich Unterstützung brauchte, wenn es um den Aufbau der Datenbank ging.

Doch offensichtlich war es nicht ganz so einfach, die erforderliche Datenschnittstelle zu realisieren. Die Zahlen für die Statistik waren einfach nicht in Übereinstimmung mit denen aus der Buchhaltung zu bringen. Mein Mitarbeiter musste folglich eine zweite Woche nach Mailand. Aber kaum war er am Ende der ersten Woche ins Taxi zum Flughafen gestiegen, kam der „erlösende" Anruf von Roberto:

„Listen, Gottfried, it is just one million (DM-Mark wohlgemerkt, keine Lire), it is close. I think we can leave it".

Mir stockte zunächst der Atem. Würde ich meinem (deutschen!) Vorgesetzten eine derartige Statistik vorlegen, die um 500.000 Euro abweicht, wäre eine ziemliche Standpauke fällig. Für Roberto war dies allerdings kein Problem. Es kostete mich geraume Zeit, ihn am Telefon davon zu überzeugen, dass eine Million DM keine zu vernachlässigende Größe sei und dass wir daher eine „saubere" Lösung benötigten. Schließlich gab er nach und tatsächlich schafften wir es nach einer weiteren Woche, die Transferdatei und die dazugehörigen Programme in Italien so zu gestalten, dass die Daten in unser Frankfurter Berichtswesen eingespielt werden konnten und ein wirklichkeitsnahes Bild der Situation in Mailand zeigten. Unser Europachef war mit seinen Auswertungen zufrieden.

Damals konnte ich nur den Kopf schütteln. Heute weiß ich, dass – wie in Frankreich – nach Robertos Einschätzung und wahrscheinlich auch nach der seiner Manager in Mailand die Statistik keine exakten Zahlen ausweisen musste (ganz im Gegensatz zur Überzeugung meiner deutschen Chefs). Die große Linie, der Trend reichten – wie auch in andern romanischen Ländern oft erlebt – aus, um das Unternehmen, speziell den Vertrieb, steuern zu können. Wir Deutsche, wir wollen dagegen exakte Zahlen, wenn schon nicht direkt auf den Cent, so doch wenigstens auf den Euro genau.

Hinzu kommt sicherlich auch, dass man sich an bestimmte Größenordnungen gewöhnt und sie unbewusst einschätzt, ohne sich darüber klar zu werden, dass in Wirklichkeit eine andere Skala angelegt werden muss. Dies gilt für Währungen genauso wie für Entfernungen und Zeiten, wie zum Beispiel bei Kanadiern oder Russen im Vergleich zu uns.

18. No comprendo in Italia

Wieder einmal geht es um Sprachkenntnisse und um die bei falscher Anwendung daraus resultierenden Animositäten.

Ich war einmal mehr auf Geschäftsreise in Mailand, jetzt allerdings für eine andere Firma. Dieses Mal lag das Büro in einem Industriegebiet am Rande der Stadt, eine nachts sehr einsame Gegend, wo man nicht gerne übernachtet. Mein Zimmer dagegen war in einem Hotel gegenüber der Stazione Termini im Zentrum Mailands. Dies bedeutete: Taxi fahren!

Jetzt könnte man annehmen, dass Taxi fahren eigentlich kein interkulturelles Problem darstellen sollte, doch auch dabei kann man Fehler machen, wenn man allzu selbstsicher ist und glaubt, ausreichende Sprachkenntnisse dafür zu haben.

Es begann alles ganz vorbildlich. Ich bat um ein Taxi, der Portier pfiff auf seiner Trillerpfeife und nach einer Minute fuhr das Taxi vor. Nachdem ich eingestiegen war, nannte ich das Ziel und schloss mit dem italienischen Wort für „Bitte!", „Per Favore!". Das muss sehr authentisch geklungen haben – man sagt mir sowieso nach, dass ich mich sehr leicht in die Tonalität einer fremden Sprache eingewöhne, auch wenn ich nur ein paar Worte sprechen und verstehen kann.

Wir fuhren los, und einige Minuten nachdem der Fahrer sich in das morgendliche Verkehrsgewühl der Großstadt eingefädelt hatte, versuchte er, mit mir Konversation zu machen. Natürlich sind nicht alle Taxifahrer der Welt gesprächig, aber die italienischen haben wohl eine gewisse Neigung dazu, da ich in italienischen Städten immer wieder darauf hin weisen musste, kein Italienisch zu sprechen. Auch jetzt musste ich diesen Hinweis geben, war jedoch entgegen meiner Gewohnheit, dies in Englisch zu sagen, so vermessen, es auf Italienisch zu tun oder zumindest in einer Sprache, von der ich glaubte, dass es Italienisch sei.

Ich reagierte auf seinen Versuch, ein Gespräch mit mir anzufangen mit den Worten „No comprendo, signore!". Und von diesem Augenblick herrschte absolute Funkstille vorne am Lenkrad. Die Körpersprache, soweit ich es von hinten beurteilen konnte, war auf totale Abwehr umgeschwenkt. Eine Reaktion, die mir total unverständlich war, hatte ich doch die Freundlichkeit besessen, ihm in seiner Sprache zu antworten. Und ich begann mich zu fragen, was ich wohl falsch gemacht hatte.

Irgendwann dämmerte es mir: Das, was ich gesagt hatte, war kein Italienisch – da hätte man „No capisco" von mir erwartet, das Verb „comprendere" gibt es im Italienischen zwar auch, es wird aber im Sinne von „begreifen" verwendet. Mein Taxifahrer hielt es aber wahrscheinlich für Spanisch, was es im ersten Teil des Satzes ja auch war (auch wenn man da korrekterweise – aber diese Feinheit brauchte er als Italiener nicht zu kennen – eher „no entiendo" gesagt hätte). Der gute Mann musste also denken, ich spräche zwar Spanisch – vielleicht hielt er mich sogar für einen Spanier –, wolle aber nichts mit ihm zu tun haben. Ein großer Affront! Nicht ganz zu Unrecht fühlte er sich deswegen beleidigt.

Wer sich mit Sprachen auskennt, weiß dass gerade die romanischen Sprachen wie Spanisch, Italienisch und Portugiesisch durchaus untereinander verstanden werden. Wenn also jemand, der eine der drei Sprachen spricht, behauptet die andere Sprache nicht zu verstehen, signalisiert er mehr als deutlich, dass er seine Ruhe haben möchte. Wer dies ohne ein Wort der Erklärung tut, so wie ich mit meinen doch mehr als spärlichen Kenntnissen beider – der spanischen wie der italienischen – Sprache, beleidigt sein Gegenüber, demonstriert, dass er etwas Besseres sei. Ein italienischer Taxifahrer hat da seinen ganz eigenen Stolz.

Ich überlegte, wie ich aus dieser Situation herauskommen könnte. Eine Variante wäre gewesen, es einfach zu ignorieren. Die Wahrscheinlichkeit, dass mich dieser Fahrer noch einmal in Mailand chauffieren und mich dann auch noch wiedererkennen würde, war verschwindend gering. Trotzdem hatte ich den Ehrgeiz, das offensichtliche Missverständnis aus dem Weg zu räumen. Bei passender Gelegenheit sprach ich ihn mit einer vorge-

täuschten Frage auf Englisch an. Auf seine erstaunte Reaktion erklärte ich ihm, dass ich Deutscher sei und nur wenige Worte in seiner Landessprache spräche.
Das und das spätere gute Trinkgeld versöhnten ihn wieder mit mir und ich war mir sicher, in Mailand weiterhin gefahrlos Taxis benutzen zu dürfen.

19. Amore? Amore!

Im September ist unser Hochzeitstag. Wenn es sich irgendwie einrichten lässt, verbringen wir diesen Tag nicht zu Hause, sondern verbinden unseren Urlaub damit. Und immer haben wir eine Flasche unseres eigens von der Hochzeitsfeier zurück behaltenen Champagners mit Spezialetikett im Gepäck. Vor Ort suchen wir uns ein schönes Restaurant und bitten darum, diese Flasche kalt legen und sie am Abend zum Menu trinken zu dürfen. Wegen des speziellen Etiketts mit unseren Namen und dem Hochzeitsdatum haben wir auch nie Probleme damit gehabt. Im Gegenteil, so manchen denkwürdigen Abend, so manche überraschende Geschichte haben wir damit erlebt. So auch dieses Mal.
Wir fuhren, auf dem Rückweg aus der Toskana, entlang der Mittelmeerküste Richtung Frankreich mit dem Ziel, in einigen Tagen, nach unserem Hochzeitstag, Freunde in Avignon zu besuchen. Es war bereits später Nachmittag und seit ein paar Stunden waren wir auf Hotelsuche, mussten aber einen Fehlschlag nach dem anderen hinnehmen. Entweder war das Haus total ausgebucht oder die Zimmer gefielen uns nicht (besonders weil der Meerblick fehlte) oder das ganze Hotel und seine Lage waren uns nicht genehm. Das Hotel sollte etwas Besonderes sein, nicht der ganz große Luxus, sondern wir wollten eine schöne Lage mit Aussicht und akzeptablen

Zimmern. Das Restaurant sollte selbstverständlich den Anforderungen an ein Hochzeitstagsdiner entsprechen.
Der Abend rückte näher und schließlich fanden wir am Ortsausgang von Ventimiglia ein Hinweisschild, das uns den Weg zu einem Hotel namens „La Riserva" wies. Wir hatten bereits damit abgeschlossen, ein Hotel in Italien zu finden und wären jetzt bereit gewesen, in eines der französischen Hotels in Nizza, Cannes oder Marseille zu gehen, also doch „der Not gehorchend" etwas Luxus in Kauf zu nehmen. Trotzdem wagten wir einen letzten Versuch. Die Straße wurde immer enger und schlechter und je weiter es bergauf ging, umso klarer wurde uns, dass wir kaum eine Chance hatten, hier am Abend wieder zur Küste hinab zu fahren. Unser Wagen passte gerade noch auf die mir unbekannte Straße, die mittlerweile zum Schotterweg mutiert war, mal rechts mal links ging es steil bergab – ohne Leitplanke wohlgemerkt. Es gab nur eine Lösung: Dort oben **musste** es ein freies Zimmer geben und wir würden keine freie Wahl haben, was das Restaurant betraf. So erreichten wir nach aufregender Fahrt den Hof von „La Riserva".
Und wir hatten Glück. Es gab ein Zimmer mit Meerblick für uns, denn das Hotel lag auf einem Hochplateau, direkt am Abhang zur Küstenstraße. Die Restaurantkarte versprach ein opulentes Abendessen und auch die Weinkarte war viel versprechend. Wir setzten uns vor unsere Bleibe und genossen den Sonnenuntergang.

Nachdem die Sonne im Meer versunken war, holten wir unseren Hochzeitschampagner aus dem Koffer und gingen zur Restaurantchefin, um sie um die übliche Erlaubnis, Kühlen und Trinken, für den nächsten Abend zu bitten. Sie sah sich das Etikett genau an, erkannte, dass es sich wirklich um etwas Besonderes handelte und akzeptierte unseren Wunsch mit einem großen Lächeln. Sie verstaute unsere Flasche im Kühlschrank und nahm die Reservierung für unseren Hochzeitstagstisch an. Danach zeigte sie beifallheischend auf ein junges Pärchen, das eng umschlungen in der Lobby des Restaurants vor dem Fernsehgerät saß und erklärte uns: „Sehen Sie diese Beiden? Sie haben **heute** geheiratet! Das junge Glück musste diese Aussage gehörte haben und drehte sich zu uns um. Wir winkten und riefen unsere „Tanti Auguri!" zu ihnen hinüber. Danach gingen wir zurück zu unserem Zimmer und fragten uns, ob das wirklich die große Liebe sein konnte? Am Hochzeitstag fernsehen?

Es musste wohl so sein. Wir erinnerten uns an das Stereotyp, dass in allen italienischen Wohnungen permanent das Fernsehgerät eingeschaltet sein soll. Wenn das zutrifft, dann ist es nur umso verständlicher, dass ein frisch vermähltes Paar die Wartezeit bis zum Abendessen vor dem Fernseher verbringt.

Oder kann man sich etwa doch etwas Schöneres vorstellen?

20. Wiener Sterne

Sprachprobleme gibt es immer wieder dort, wo zwei Sprachen weit auseinander liegen, auch innerhalb Europas. Aber dass es auch Kommunikationsprobleme zwischen eng verwandten Sprachen geben kann, erlebte ich mit einer Wiener Kollegin.

Nachdem ich meine Aufgabe als europäischer CIO übernommen hatte, merkte ich schnell, dass die österreichischen Mitarbeiter in der Buchhaltung und im Controlling, denen die EDV-Aufgaben unterstellt waren, geduldiger waren als Kollegen anderer Länder, was kleinere Probleme bei neuen Programmen oder Programmanpassungen anging. Wegen dieser „Leidensfähigkeit" durften sie auch immer als erste die Beta-Versionen der Programme installieren und im Echtbetrieb für mich testen. Leider hatten wir in Frankfurt auch hin und wieder eine Kleinigkeit vergessen, die im Live-Einsatz unbedingt notwendig war. Dann kam prompt der Anruf der Wiener Buchhalterin und wir mussten helfen. In der Regel schickten wir das Programm oder die Prozedur noch einmal per Diskette auf dem Postweg, die damals einzige kostengünstige Art und Weise, Software zu verteilen. Nur in eiligen Fällen wurde versucht, das Problem telefonisch zu lösen. Die besagte Kollegin war auch sehr beschlagen und konnte unter unserer telefonischen Anleitung so manche Lösung erfolgreich selbst einbauen.

So geschah es auch eines Tages mit mir. Nachdem sie mir geschildert hatte, was passierte, war mir sofort klar, dass wir in einer Prozedur nur vergessen hatten, einen Befehl, der auf „Kommentar" gesetzt worden war, wieder zu aktivieren. Die Desaktivierung des Befehls wurde vorgenommen, indem man an den Anfang der Zeile ein Sternchen setzte. Es galt also, dieses Sternchen wegzunehmen, die Prozedur zu speichern und alles sollte normal funktionieren.

Ich lotste die Kollegin per Telefon bis hin zu der Stelle, an der das störende Objekt stehen musste und fragte sie: „Schauen Sie bitte nach, ob dort ein Sternchen steht.". Ihre Antwort: „???", also völliges Unverständnis. Ich wiederholte meine Frage mit dem gleichen Resultat und auch beim dritten Mal kam nur die Reaktion: „Was moanen's denn, Herr Klein?" Sollte eine so minimale Schwierigkeit an einem mündlichen Kommunikationsproblem scheitern? Ich sah nur noch eine letzte Chance, ich musste meine „Sprachkenntnisse" einsetzen. Mit größtmöglicher Selbstverständlichkeit antwortete ich ihr: „Schaun's doch bittschön, ob's da vurn in der Zeiln a Sterndl hat". (Die Österreicher mögen mir bitte verzeihen, wenn die Orthographie nicht ganz korrekt sein sollte, aber mein Versuch, Österreichisch zu sprechen, muss etwa so geklungen haben, wie es hier geschrieben steht). Und jetzt endlich stellte sich der Erfolg ein: „Ja, Herr Klein, do is aans.", klang es aus dem Hörer. Erleichtert antwortete ich ihr: „Dann nöhmens dös weg und dann basst's scho".

Heureka! Es war geschafft. Meine Kollegin speicherte die Prozedur, zusammen am Telefon starteten wir das Programm neu und alles lief zu ihrer Zufriedenheit. So ist es eben: Fremdsprachen helfen immer weiter, selbst wenn es für uns eigentlich gar keine sein sollten.

Derartige sprachliche Missverständnisse hatte ich in der Schweiz zum Beispiel nie, trotz des mir noch weitaus unverständlicheren Schwyzer Dütsch, das ich manchmal auch nur zum Scherz zu imitieren versuche, haben mich die Schweizer Kollegen immer gut verstanden. Ich frage mich manchmal, ob es daran liegt, dass das Schwyzer Dütsch als eigene Sprache gilt, die Schweizer daher Deutsch als Fremdsprache lernen müssen und das Österreichische „nur" als ein deutscher Dialekt?

21. Svens Kinder

Die Skandinavier. Ihr Verhalten ist für viele Deutsche oft ein Buch mit sieben Siegeln. Ihre Sprache ist mit der unsrigen verwandt und doch sind die Menschen so anders. Selbstbewusstsein, Offenheit gegenüber allem und das große Maß an Gleichberechtigung von Männern und Frauen sind die Züge ihrer Kultur, die mir neben der großen Gastfreundschaft am stärksten im Gedächtnis geblieben sind. Nebenbei bemerkt: Am meisten hat mich 1987 etwas beeindruckt, das ich als „das Symbol der Gleichberechtigung" der Geschlechter in Schweden schlechthin empfunden habe, als ich es dort zum ersten Mal in meinem Leben sah: Der Baby-Wickelraum auf der Herrentoilette!

Ein Aspekt der schwedischen Mentalität hat mich als jungen Menschen besonders überrascht: der Vorrang, den die Familie gegenüber der Arbeit hat. An Wochenenden ist die Arbeit tabu; das Wochenende gehört der Familie. Aber auch während der Woche kann es zu Situationen kommen, die dazu führen, dass die Arbeit dem Familienleben angepasst, ja man muss sogar sagen, untergeordnet wird.

Ich hatte einen zweitägigen Aufenthalt in Stockholm vorgesehen, der vollgepackt war mit Terminen. Mein erster Termin war – angepasst an den damaligen Flugplan, nach dem es vor 11 Uhr morgens keinen Flug von

Frankfurt nach Stockholm gab – für 14 Uhr mit Sven, unserem Controller, angesetzt. Das Taxi brachte mich gegen 13 Uhr zu unserem dortigen Büro in einem Industriegebiet am Rande der schwedischen Hauptstadt; es blieb mir also genug Zeit, einige technische Dinge zu erledigen, bevor es in die Besprechung gehen sollte. So war es geplant. Doch es kam ganz anders. Als ich das Büro betrat, und nach Sven fragte, teilte mir seine Sekretärin mit, er sei gar nicht im Hause und man wisse auch nicht genau, wann er kommen werde. Auf jeden Fall werde es später als 17 oder vielleicht sogar 18 Uhr werden.

Als damals noch interkulturell unerfahrener junger Mann war ich in meiner typisch deutschen Art höchst empört. Das konnte doch einfach nicht wahr sein. Den CIO aus dem europäischen Hauptquartier so zu behandeln. Feste Termine einfach ohne Rücksprache, ohne kurze Information zu verschieben. Einfach unmöglich!

Was genau war geschehen? Beide Kinder Svens waren am Vortag erkrankt. Da es in Schweden üblich ist, dass die Ehefrau arbeiten geht – was auch durch das schwedische Steuersystem unterstützt, ja geradezu erzwungen wird –, musste mein Kollege während der Arbeitszeit seiner Frau die Kinder betreuen. Ausgeglichen wurde dies dadurch, dass er kurz nach 17 Uhr ins Büro kam und seine Arbeit erledigte. Diese nachträgliche, höchst verständliche Erklärung stimmte mich jedoch gleich wieder versöhnlich.

Zu dieser seiner Arbeit gehörte natürlich auch unsere Besprechung. Wir starteten gegen 18:30 Uhr, nachdem er das Wichtigste seines Tagesgeschäfts erledigt hatte, und gegen 20 Uhr fuhr er mich in mein Hotel. Nach dem Einchecken gingen wir gemeinsam zum Abendessen, was für ihn ganz selbstverständlich auch Teil seiner Arbeit war.

Meinen Ärger hatte ich schon bald überwunden. Ich sehe diese Erfahrung als mein erstes wirklich bewusstes „Awareness"-Erlebnis an – das heißt, ich wurde für einen deutlichen interkulturellen Unterschied zwischen Deutschland und Schweden sensibilisiert: den dortigen Vorrang der Familie über die Arbeitswelt. Sven hat es wohl nie erfahren; ich hoffe es zumindest, denn es wäre mir sehr peinlich gewesen, ganz besonders aus heutiger Sicht.

Bis zum nächsten Tag war übrigens der Babysitter organisiert und die Eltern konnten ihre normalen Arbeitszeiten wieder einhalten. Heute sollte es auch in Deutschland möglich sein, in solchen Fällen kurzfristig einen Tag Urlaub zu bekommen. Damals war es das bei uns vielleicht auch schon möglich – an das damals geltende Arbeitsrecht erinnere ich mich nicht mehr –, aber für einen deutschen Mann schien es undenkbar.

22. Das Schweigen

Selbstbewusstsein, Offenheit und Freizügigkeit sind – denkt man an Ingmar Bergmann und seine Filme – für uns Deutsche typische Merkmale der schwedischen Gesellschaft. So stellen wir es uns zumindest vor. Dass dagegen jedoch auch die Nachbarn – der Druck des sozialen Umfelds – offensichtlich eine große Rolle für die Familien spielen, konnte ich bei einem Noteinsatz in Stockholm erfahren.

Nachmittags gegen sechzehn Uhr ging der Notruf bei mir ein. Unser Büro in Schweden hatte massive Probleme mit der EDV und benötigte schnellstens Hilfe vor Ort. Dringende Projekte verhinderten, dass einer meiner Programmierer reisen konnte, also blieb nur ich als „rettender Engel" übrig. Das Flugticket war schnell besorgt, aber es stellte sich heraus, dass die erforderliche Übernachtung ein unüberwindliches Problem darstellte. Wegen eines internationalen Ärztekongresses waren alle Hotels im Großraum Stockholm ausgebucht. Ein echtes Dilemma, denn einerseits war dringende Hilfe nötig, andererseits konnte man mich aber nirgendwo unterbringen. Schließlich fand der schwedische Geschäftsführer eine, wie er glaubte, ganz einfache Lösung: Ich sollte im Haus seiner Sekretärin übernachten.

Neu gebaut und mit einem kleinen Gästezimmer versehen war dies die optimale „Notlösung". Es sei der Vollständigkeit halber noch darauf hingewiesen, dass der Ehemann meiner Kollegin ebenfalls anwesend war, so dass die erforderlichen Anstandsregeln erfüllt waren. So schien es zumindest. Aber man muss auch in einem neuen Haus immer mit Handwerkern rechnen!

Und so kam es – oder besser: kamen **sie** auch. Nachdem der Hausherr Terrasse und Wege von etwa einem halben Meter Schnee befreit hatte, genossen wir ein herrliches Abendessen und den fantastischen Blick von den Hügeln auf die Lichterwelt des winterlichen Stockholms. Aber am nächsten Morgen waren Handwerker angesagt, die sich einen Gewährleistungsfall anschauen sollten. Weil aber Anders, der Mann meiner Kollegin, bereits um 7 Uhr das Haus verlassen musste, und es als unschicklich gilt, wenn morgens eine schwedische Frau mit einem fremden Mann in ihrem Haus alleine ist, bat man mich, von dem Augenblick an, in dem die Handwerker das Haus betraten bis zu ihrem Abschied in meinem Zimmer zu bleiben, und das, ohne auch nur das geringste Geräusch von mir zu geben.

Was blieb mir anderes übrig, als in diesen leicht säuerlichen Apfel zu beißen? Ich konnte meine Gastgeber, die mir so uneigennützig aus der Übernachtungspatsche geholfen hatten, doch nicht blamieren. Und so kam es, dass ich am nächsten Morgen kurz nach dem Aufstehen über zwanzig Minuten in meinem Zimmer saß, mich nicht rührte und krampfhaft jeden Hustenreiz unterdrückte. Vor allem letzteres fiel mir sehr schwer, war ich damals doch noch ein starker Raucher! Ich möchte nicht behaupten, dass es die längsten zwanzig Minuten meines Lebens waren, aber es waren auf jeden Fall sehr, sehr lange Minuten.

Aber auch diese langen Minuten gingen vorüber. Kaum hatte sich die Tür hinter den abziehenden Handwerkern geschlossen, nutzte ich die paar Sekunden, bis meine Gastgeberin mich zum Frühstück holte, für ein „kräftiges Räuspern" und für ein klein wenig Bewegung der mittlerweile eingeschlafenen Beine. Dann aber überwog der kleine Hunger und die „Minuten der Pein" waren vergessen.

So lernte ich damals, dass auch in einem Land, das für uns das Stereotyp der Freizügigkeit gepachtet zu haben scheint, im familiären und sozialen Umfeld durchaus Tabus existieren können, die in Deutschland zu dieser Zeit bereits schwer vorstellbar waren.

23. Tickets for sale

Unsere erste Reise nach Russland führte uns gleich weit, weit in den Osten, nach Novosibirsk, eine Stadt, die so weit weg von Europa zu sein scheint, dass die Einwohner ihre japanischen Autos lieber direkt in Wladiwostok abholen, als europäische Marken in Moskau zu kaufen. Eine Stadt, wo uns die Einheimischen sagten, dass sie in erster Linie Sibirier, Asiaten sind und mit Moskau nicht viel zu tun haben. Immer wieder hörten wir die Worte: „Ihr in Europa.", nicht „ihr in Deutschland, Frankreich, England". Und wie weit wir von unserem Heimatland auch im sozialen, im kulturellen Umfeld entfernt waren, erfuhren wir bereits nach wenigen Kilometern auf russischem – nein, richtiger: auf sibirischem – Boden.
Unsere Bekannte Jekaterina holte uns mit ihrem Toyota Lexus am Flughafen ab, um uns zu unserem Hotel zu bringen. Kaum hatten wir das Flughafengelände verlassen, startete für uns die erste Lektion: Die eher multiaktiven Russen kennen Geschwindigkeitsbegrenzungen als ideale Regeln in einer idealen Welt. Auf dieser schnöden Erde gelten sie – zumindest für den einzelnen – nicht. Mit anderen Worten: es wurde rundum gerast. Ausnahmen machten nur wenige, ich vermute es waren Fahranfänger. Und Jekaterina gehört nicht zu den zaghaften Fahrerinnen. Anscheinend wollte sie die Verspätung, die unser Flug hatte, wieder aufholen.

Und so kam, was kommen musste. Am hellen Sonntagmorgen und nach noch nicht einmal zehn Kilometern Fahrt winkte uns ein Herr in Blau und mit Mütze auf den Seitenstreifen. Dort stand ein altersschwacher leicht verbeulter PKW, auf dem noch das inzwischen auf den meisten Polizeifahrzeugen durch „Polizia" ersetzte alte Wort „Milizia" stand, innen drin hochmodernes Equipment, unter anderem ein Laptop, auf dem Jekaterinas Verfehlung eindeutig zu erkennen war.

Bis sie an der Reihe war, mussten wir uns allerdings noch eine gute Viertelstunde gedulden, denn vor uns warteten noch ein Taxifahrer und drei weitere SUVs – alles schwarze Lexus – auf ihre „Abfertigung". Wir fragten uns, ob die Polizisten es ganz gezielt auf Toyotas abgesehen hatten und ihnen der Taxifahrer rein zufällig zum Opfer fiel oder ob tatsächlich „rein zufällig" heute nur Lexus-Fahrer über die Stränge schlugen.

Endlich kam Jekaterina freudestrahlend zurück. Sie hatte es geschafft, die Strafe von 1.500 auf 1.000 Rubel herunter zu handeln.

Für uns blieb die Erkenntnis: Auch Strafzettel sind nur verhandelbare ideale Regeln in einer idealen Welt. Man kann sie jederzeit neu definieren und den „realen" Gegebenheiten anpassen. Undurchschaubar schien nur uns, wer der beiden Verhandlungspartner letztere in diesem Fall definierte.

24. Блиндаж – Diner im Unterstand

Der zweite Tag in Sibirien begann mit herrlichem Sommerwetter und der Besichtigung der wichtigsten Sehenswürdigkeiten von Novosibirsk. Jelena, eine Kollegin meiner Frau von der dortigen Staatlichen Pädagogischen Universität und ihr Mann Sergej führten uns. Das heißt eigentlich führte uns Jelena und Sergej fuhr schweigend das Auto, in welchem er auch trotz der fast dreißig Grad im Schatten eisern ausharrte, wenn wir ausstiegen und eine Sehenswürdigkeit oder einen Markt besichtigten, gleichgültig, wie lange es auch dauerte. Selbst die Fontänen am Ufer des Ob, wo der Wind erfrischende Gischt ans Ufer wehte, konnten ihn nicht in unsere Nähe locken.

Der Tag verging wie im Fluge und am späten Nachmittag steuerten wir ein Restaurant an, um unser spätes Mittag- oder verfrühtes Abendessen einzunehmen. Was Sergej jedoch ansteuerte, sah nicht wie ein Restaurant aus. Er parkte vor einem fensterlosen Gebäude, das einem Lagerhaus glich. Suchend schauten wir uns beim Aussteigen um. Unsere Begleiter führten uns um die Ecke des „Lagerhauses" und wir standen unter einem gigantischen Wandbild vor dem Eingang des Lokals: „Блиндаж" (Blindasch) stand über der Tür, zu Deutsch „Unterstand". Die Außenwand „zierte" ein überlebensgroßer russischer Soldat vor einer Generalstabskarte, die

die Aufmarschpläne der Alliierten auf Deutschland und ganz speziell auf Berlin darstellte.

Ein Lokal, so richtig, um sich daran zu „erfreuen"! Selbst für uns, die wir nichts mit dem zweiten Weltkrieg und noch weniger mit Militär überhaupt im Sinn haben, war es fast ebenso provozierend, wie es – wenn auch aus ganz anderen Gründen – für einen deutschen Neonazi gewesen wäre. Meine Frau und ich schauten uns kurz an, zuckten innerlich mit den Schultern und folgten unseren Gastgebern ins Innere des Gebäudes.

Dort, was eigentlich keine Überraschung für uns hätte sein dürfen, ging es genau so weiter, wie es draußen begonnen hatte. Die Stühle waren mit Tarnstoff bezogen, die Wände „schmückten" Kalaschnikoffs und andere Schusswaffen und in einer Ecke, wo man ein Klavier erwartet hätte, stand eine kleine Kanone. Von der Wand hinter der Theke lächelte erneut ein überlebensgroßer Soldat mit Sturmgewehr siegesgewiss vor der Generalstabskarte für den Angriff auf Potsdam und Berlin 1945. Es wunderte uns schon nicht mehr, dass das Personal in Kampfanzüge gekleidet und die Speisekarte als militärische Depeschenmappe gestaltet war.

Wir fotografierten, bevor das Essen kam, nicht nur die Außenwand und den Eingang, sondern sorgfältig auch das Innere des – wie es sich für einen Unterstand gehört – natürlich fensterlosen Restaurants.

Keine Frage, wir aßen vorzüglich, wie in allen Lokalen, in denen wir in Novosibirsk eingekehrt sind. Und je länger das Essen dauerte, desto gesprächiger wurde unser „Fahrer" Sergej. Auch wenn seine Frau als Übersetzerin tätig sein musste, denn er sprach überhaupt keine Fremdsprache, kam mehr und mehr eine interessante und kurzweilige Konversation mit ihm zustande. Und schließlich wurden wir gegen unseren Willen und entgegen der russischen Gepflogenheiten auch noch zu diesem nachmittäglichen Diner in militärischer Verkleidung eingeladen.

Danach machte Sergej zu unserer Überraschung auch noch die anschließende, fast zweistündige Schiffstour auf dem Ob mit und ließ sich sogar von uns dazu einladen. Seine Zurückhaltung war plötzlich weg, nur noch abhängig von der Sprachbarriere. So endete der Tag für uns sehr viel versöhnlicher als er begonnen hatte.

Wir rätseln heute noch, was diese Episode im Restaurant für einen Zweck verfolgte. Wollte er uns nur etwas Bizarres zeigen? Wollte er uns als Deutsche provozieren? Oder wollte er – kaschiert durch das Abendessen – herausfinden, ob wir Neonazis sind? Welches Bild hat er von den Deutschen und ganz besonders den Deutschen aus unserer Generation? Es hätte uns sehr interessiert, mit ihm darüber zu sprechen. Aber die Höflichkeit einerseits und die erwähnten Sprachprobleme andererseits hinderten uns daran.

25. The only bus to Beruwela

Asien! Für uns Europäer war und ist es noch immer ein Kontinent der extrem fremden Kulturen, auch wenn immer mehr Deutsche nach Thailand, Singapur, Indien und China reisen, sei es beruflich oder um sich dort zu erholen.

Für uns war im Jahr 1980 der Inselstaat Sri Lanka der „Stolperstein" der uns zum ersten Male bewusst interkulturelle Probleme erkennen und vor allem erfahren ließ. Wie viele Europäer sahen wir damals die kulturellen Unterschiede innerhalb unseres Kontinents nicht oder reduzierten sie auf Sprachprobleme und auf manche unterschiedliche Verhaltensweisen, die uns eher amüsant erschienen, denn als echte Ausprägungen eines Mangels an interkultureller Kompetenz. Asien jedoch bedeutete für uns immerhin, sich vorzubereiten. Wir waren uns durchaus der Tatsache bewusst, dass wir in die so genannte „Dritte Welt" reisen würden, und das zum ersten Mal in unserem Leben. Also besorgten wir uns zwei Reiseführer und prägten uns ein, was schwierig werden könnte und was man dagegen tun kann.

Trotz dieser sorgfältigen Reisevorbereitung und obwohl wir keine lauten, besserwisserischen Touristen sind und waren, kam der Tag, an dem wir unser Gesicht verloren. Wir waren am Ende einer dreitägigen Rundreise auf eigene Faust zu einigen wichtigen archäologischen Stätten der Insel mit öffentlichen Verkehrsmitteln (Eisenbahn und Bus). Die letzte Nacht verbrachten wir in einem kleinen Hotel im Kolonialstil mitten in den Ausgrabungen von Anhuradhapura. Am nächsten Tag sollte es wieder zurückgehen in unser Hotel, wo wir noch zur Abendessenszeit eintreffen wollten. Dazu mussten wir den letzten Zug nach Süden in Colombo um 20:15 Uhr erreichen. Eine erste Auskunft ergab, dass der Zug von Anhuradhapura leider erst um 20:30 Uhr in Colombo eintreffen sollte. Also galt es, eine andere Möglichkeit zu finden, um noch vor 20 Uhr am Bahnhof der Hauptstadt anzukommen.

Der freundliche Hotelportier half uns aus der Patsche. Er empfahl uns, den Bus zu nehmen. Der sei deutlich schneller, führe etwa um die gleiche Zeit wie der Zug ab und sollte uns rechtzeitig zu unserem Anschlusszug bringen. Gegen ein kleines Trinkgeld brachte er uns auch noch mit dem hoteleigenen PKW zum Busbahnhof. Unterwegs kamen wir übrigens am bereit stehenden Zug mit seiner Dampflokomotive vorbei. Und ab jetzt hieß es warten!

Laut Fahrplan (!) sollte der Bus um 12 Uhr mittags abfahren. Ein wenig kannten wir schon die landestypischen Gepflogenheiten, so dass wir mit einer Abfahrt nicht vor 13 Uhr rechneten. Als es aber dann 14 Uhr war und der Fahrer noch immer keine Anstalten machte, den Motor anzulassen, sahen wir unsere Felle davon schwimmen oder - buchstäblich – unseren Zug in Colombo davon fahren.

Schließlich um fünfzehn Uhr, und erst als sich genügend Fahrgäste eingefunden hatten (!), fuhren wir los in Richtung Hauptstadt. Ich musste dem Fahrer Abbitte leisten. Er tat sein bestes; wir kamen mit Riesenschritten der Hauptstadt und damit unserem Ziel, den Abendzug nach Beruwela noch zu erreichen, näher. Ich beobachtete die Kilometersteine – besser gesagt Meilensteine – am Straßenrand und rechnete immer wieder hoch, ob wir rechtzeitig ankommen würden. Und tatsächlich, gegen 18 Uhr waren wir nur noch etwa 60 Meilen von Colombo entfernt, was bei der bisher gezeigten Fahrweise eigentlich kein Problem mehr sein sollte.

Doch, oh Schreck, kaum war die Sonne untergegangen, steuerten wir das nächste Restaurant an: Abendessenszeit. Alle stiegen aus. Nur wir nicht. Auf uns wartete ein fantastisches ceylonesisches Buffet im Hotel. Vergebens?

Es schien so. Erst kurz vor neunzehn Uhr versammelten sich die Fahrgäste wieder im Bus und wir nahmen die Fahrt wieder auf. Ankunft in Colombo Hauptbahnhof und Busterminus war 20:30 Uhr. Unser Zug war weg!

Aber eine Menge Taxis stand bereit, um nicht nur uns nach Hause zu bringen. Wir verhandelten. Unser Problem war, dass unsere Barschaft nur noch aus etwas mehr als 150 Rupien bestand. Und dafür war kein Taxifahrer bereit, uns nach Beruwela ins Hotel zu bringen. Es blieben uns nur noch die Nachtbusse.

Tatsächlich gab es noch einen Bus Richtung Süden, nach Galle, der auch fast vor unserem Hotel halten würde, eine viel praktischere Angelegenheit als der Zug, da der Bahnhof ein paar Meilen vom Hotel entfernt lag. Aber uns plagten Zweifel. Wir hatten unsere erste Erfahrung mit dem ceylonesischen Bussystem ja gerade erst gemacht. Wann würde der Bus denn wirklich abfahren? Wir standen ratlos vor der Reihe der wartenden Fahrzeuge. Ein netter Ceylonese muss uns angesehen haben, dass wir am Verzweifeln waren. Er sprach uns in perfektem Englisch an, fragte nach unserem Problem, und wir erzählten ihm unsere gerade durchlaufene Misere.

Seine Reaktion war für uns eine Lehre fürs Leben. Er sagte nach einigen tröstenden Worten: „Keep your temper! You have to take this coach. It is the only bus to Beruwela. If you want to get home tonight, you have to take this bus, whenever it will leave". Worte, die uns für ewig ins Gedächtnis eingebrannt sind.

Der Satz "It is the only bus to Beruwela" wurde bei uns zum geflügelten Wort. Immer wenn etwas nicht so läuft wie wir es uns vorgestellt haben, wir es aber auch nicht ändern können, fällt mit großer Sicherheit dieser Satz.

Und wir werden ruhig, vergessen unsere deutsche Pünktlichkeit, relaxen.
Es war unsere erste große interkulturelle Lehrstunde. Vielleicht wurde damals schon der Keim gelegt für das, was wir heute tun. Heute wissen wir, dass das Zeitverständnis der Ceylonesen ein vollständig anderes ist, als das unsere. Für sie ist das Ereignis wichtig, nicht der Zeitpunkt, an dem es stattfindet.

26. Ice in the sun

Reist man in bestimmte Gegenden unseres Globusses, dann geht man bestimmte gesundheitliche Risiken ein, die nicht alle durch prophylaktisches Impfen vermieden werden können. Die Reiseunternehmen wie auch die Bundesregierung werden daher nicht müde, immer wieder darauf hin zu weisen und Verhaltensregeln für solche Länder zu geben, wo die hygienischen Bedingungen nicht oder nicht immer den europäischen Standards entsprechen: Kein ungeschältes Obst essen, bestimmte Orte meiden, nichts auf den lokalen Märkten kaufen, Garküchen links liegen lassen und fast immer heißt es: Kein Wasser aus der Leitung trinken und die Zähne mit Mineralwasser putzen.

Letzteres haben wir (ehrlich gesagt) nie so wirklich ernst genomen und trotzdem – wer weiß, vielleicht auch nur mit Glück – nie gesundheitliche Probleme bekommen.

So problemlos bezüglich unserer Gesundheit verlief auch der Urlaub in Sri Lanka. Die Hotels entsprachen durchaus europäischen Vorstellungen: sauber, freundlicher Service, gutes Essen und dies alles direkt am Strand. Uns schien die ständige Warnung der Reiseführer, kein Wasser aus der Leitung zu trinken und vor allem damit nicht die Zähne zu putzen, absurd; immerhin sahen die von der Trinkwasserversorgung abhängigen Einheimischen durchaus gesund aus. Wie absurd diese Warnung wohl auch den Einheimischen erschien, stellten wir gleich am ersten Abend fest, als wir unseren Aperitif in der Bar einnahmen.

Ein großes Schild hinter dem Tresen informierte die Gäste, dass man die Eiswürfel garantiert aus Mineralwasser herstelle. Die deutschen Urlauber quittierten dies durch eine hohe Besuchsfrequenz und weil sie – außer Bier – keine einheimischen Produkte tranken auch durch einen relativ hohen Umsatz. Ausländische Getränke kosteten nämlich ein Vielfaches der einheimischen. Wir waren da risikobereiter und vor allem neugieriger und blieben in den allermeisten Fällen den lokalen Whiskys, Brandys oder Mixgetränken treu.

Es war jedoch in einer Hinsicht gleichgültig, ob man ceylonesischen oder schottischen Whisky trank: die Eiswürfel waren alle offiziell aus Mineralwasser hergestellt und die Behälter kamen alle direkt aus dem Gefrierschrank neben der Spüle direkt unter das laufende Wasser!

Den Barbesuchern fiel dieser Widerspruch zur Aussage des beruhigenden großen Schilds offensichtlich überhaupt nicht auf. Ihnen war bestimmt nicht klar, dass es unwahrscheinlicher ist, dass Keime im Eis „eingefroren" überleben als dass sie mit dem Leitungswasser am Ende erst darauf übertragen werden.

Wegen einiger unschöner Vorkommnisse seitens einiger deutscher Hotelgäste, bei denen wir als „ausgleichende Kräfte" aktiv werden konnten, die aber hier nicht erwähnt werden sollen, hatten wir zwei Wochen später ein längeres Gespräch mit dem Hotelmanager. Und nach dem das Eis gebrochen war, kamen wir auch auf das Eis in den Gläsern zu sprechen.

Wir fanden heraus, dass dem Hotel die Produktion der Eiswürfel aus Mineralwasser von den Reiseveranstaltern vorgeschrieben war; aber auch die Touristen hatten sich immer wieder dahingehend geäußert. Der Geschäftsleiter sah auch in gewissem Umfang die Gefahren ein, meinte aber – so dachten wir auch – dass es in den Urlaubszentren so gut wie keine Gefahr gab.

Die Anordnung hatte er trotzdem an den Service weiter gegeben. Aber der Service musste die Eiswürfel ja irgendwie aus den Behältern heraus bringen. Überall in der Welt macht man das bei dieser Art Eiswürfelbereiter aus Aluminium so, dass man sie kurz unter fließendes Wasser hält, damit sich die Eiswürfel lösen, ein ganz normaler physikalischer Vorgang. Die Mitarbeiter in der Bar waren zwar sehr engagiert, hatten aber offensichtlich Schwierigkeiten zu verstehen, warum die Würfel mit Mineralwasser gemacht werden mussten und dass der problematische Punkt genau das Leitungswasser war, das sie dennoch immer wieder zum Auslösen der Eiswürfel benutzten.

Wir haben nicht erfahren, ob sie es so machten, weil sie – wie ihr Chef – das Wasser für keimfrei oder zumindest ausreichend rein hielten oder ob sie einfach die potenzielle Gefährlichkeit ihres Tuns nicht erkannten. Wir haben aber auch nie erfahren, ob sie diese Praxis, die auch in anderen Hotels üblich war, jemals änderten, und die Hotelgäste offensichtlich nichts bemerkten, spielt das am Ende auch keine große Rolle.

27. Wir kommen gleich

Der Umgang mit der Zeit ist in den verschiedenen Kulturen sehr unterschiedlich. Man unterscheidet deshalb einerseits zwischen monochronen und polychronen Menschen und Kulturen, die andererseits vergangenheits-, gegenwarts- und zukunftsorientiert sind. Dass bei manchen darunter auch aus unserer deutschen Sicht die Einschätzung von Zeitbedarf leidet, das zeigt nicht nur diese Geschichte unseres langjährigen indischen Freundes Onkar, der einer Kultur entstammt, die von Richard D. Lewis auf halbem Weg zwischen multiaktiv und reaktiv eingestuft wird: Man plant die große Linie nach allgemeinen Prinzipien. So plante er auch seinen Zeitbedarf.

Als Sohn eines international bekannten Architekten studierte er in Großbritannien und nahm in dieser Zeit auch viele Angewohnheiten der Angelsachsen an. Eine dieser Angewohnheiten war, dass er immer, wenn wir verabredet waren, noch einmal kurz anrief, bevor er losfuhr und das auch, wenn wir bereits eine feste Uhrzeit ausgemacht hatten. Für Deutsche ein eher ungewöhnliches Verhalten, für ihn aber ein Akt der Höflichkeit. Aber wirklich ungewöhnlich war die Tatsache, dass er immer erst kurz vor oder sogar manchmal erst nach der vereinbarten Uhrzeit anrief, also in der Regel immer deutlich später kam als verabredet. Allerdings hatten seine Ankündigungen, auf die wir uns verlassen konnten, für uns den großen Vorteil, dass wir „nachrechnen" und – zumindest in einigen Bereichen – die Küche danach steuern konnten. Nichts verkochte, nichts war unfertig, wenn er vor der Tür stand.

Da er nicht weit entfernt von uns wohnte, lagen die Abweichungen zu seinen Angaben, sprich die „Verspätungen" bei seinen Besuchen normalerweise im für deutsche Verhältnisse „akzeptablen" Bereich; muss man doch auch bei deutschen Gästen immer mit kleinen Verspätungen – zum Beispiel wegen eines der in unserem Ballungszentrum ewigen Verkehrsstaus – rechnen. Seine „Spitzenleistung" war allerdings eine Verspätung von mehr als einer halben Stunde, was in seiner Kultur ja durchaus akzeptabel ist.

Er und seine Lebensgefährtin waren bei uns zum Abendessen eingeladen. Wir wussten allerdings, dass die beiden auf einer gemeinsamen Geschäftsreise waren und hatten uns schon auf eine kleine Verspätung eingerichtet. Mit anderen Worten: Wir ließen uns Zeit mit den Vorbereitungen für den Abend und das gemeinsame Diner. Es sollte sich zeigen, dass wir damit sehr gut gefahren waren. Nur wenige Minuten vor der vereinbarten Zeit klingelte das Telefon, und es kam der bereits erwartete Anruf mit der Ankündigung „Wir sind in zwanzig Minuten bei Euch". Aus Erfahrung klug geworden, fragte ich zurück, wo sie denn gerade seien.

Seine Antwort erschlug mich im ersten Augenblick wirklich, obwohl ich ihn ja lange genug kannte: „Wir fahren jetzt in Heidelberg los". Wie er die fast einhundert Kilometer, die ihn noch von uns trennten, in dieser kurzen Zeit schaffen wollte? Ich habe nicht gewagt, ihn danach zu fragen. Doch konnten wir jetzt wenigstens seine mögliche Ankunftszeit bei uns errechnen, denn diese Strecke kannte nicht nur er. Auch wir waren sie schon sehr häufig gefahren. Glücklicherweise konnten wir das Abendessen jetzt so vorbereiten, dass es nicht zu kalt, nicht verkocht und das Steak nicht zu Schuhsohle geworden war. Der Abend begann spät, wie man sich vorstellen kann, wurde aber trotz der „kleinen" Verspätung – oder gerade deswegen – wunderschön.

Fazit: Wir haben uns spätestens nach dieser Erfahrung angewöhnt, seine Zeitangaben einfach mit zwei zu multiplizieren. In über neunzig Prozent der Fälle konnten wir damit seine von ihm nach allgemeinen Prinzipien in großer Linie geschätzte Ankunftszeit richtig stellen und unsere linear aktive Planung daran anpassen.

28. Einhundert Mann mit Abakus

Oder: Keine EDV für Hongkong

Im Rahmen eines Modernisierungsprojekts hatte meine Firma an fast allen Standorten neue Hardware und teilweise auch neue Software eingeführt. Aus einem unerfindlichen Grund blieb eine leicht betagte IBM-Anlage aus einem der europäischen Werke inklusive der dazugehörigen Software übrig. Mit meinen Vorgesetzten überlegte ich lange, was wir damit anfangen könnten. Einfach verschrotten schien uns damals viel zu teuer. An einen Verkauf an eine andere Firma war nicht zu denken, dazu war das Gerät zu alt. Selbst verschenken wäre zu teuer gewesen.

Ich weiß nicht mehr, woher die Idee dann kam. Sie stand plötzlich im Raum! „In unserem Werk in Hongkong haben sie noch keine EDV. Die könnten die Maschine bestimmt gut gebrauchen. Wir sollten ihnen ein gutes Angebot machen".

Der Gedanke wurde diskutiert und für gut befunden. Ein Fax ging nach Hongkong, ein weiteres nach London, an den Ort, wo die Maschine zwischengelagert war. Ohne lange zu warten, wurde die Hardware samt Zubehör per Schiff auf die lange Reise um die halbe Welt geschickt. Wir waren ja sooo entscheidungsfreudig!

Für eine oder zwei Wochen tat sich gar nichts. Wir hörten nichts aus Hongkong. Von London dagegen wussten wir, dass das Schiff mit unserem Computer den englischen Hafen verlassen und Kurs auf Asien genommen hatte. Eine weitere Woche verging, ohne dass ich etwas gehört hatte. Dann überschlugen sich die Ereignisse.

Der Leiter der Produktionsstätte in Asien, ein Brite, besuchte das europäische Hauptquartier in Frankfurt. Eigentlich traf er nur meinen Chef. Doch sehr schnell wurde ich zu dieser Besprechung hinzu gezogen. Es wurde fleißig diskutiert, warum das Werk in Hongkong denn plötzlich die EDV einführen sollte. Der Werksleiter hatte überhaupt kein Verständnis dafür. Sein Argument – und eigentlich waren es hundert Argumente – lautete: „Ich habe einhundert Chinesen. Die machen die ganze Arbeit schneller und billiger. Behaltet eure Maschine."

Er weigerte sich so massiv, dass uns nichts anderes übrig blieb, als die Sendung auf halbem Wege zu stoppen und nach London zurück zu beordern. Eine gut gemeinte Aktion war „untergegangen". Damals sicher mehr als heute, war die menschliche Arbeitskraft in Asien so gut wie nichts wert. Investitionen in Maschinen waren daher äußerst unrentabel. Die Frachtkosten? Reden wir nicht darüber. Es wäre billiger gewesen, die Maschine sofort zu verschrotten.

29. Zweisprachig – aber wie?

Als Deutscher, dem die Folgen einer Zeit seines Landes als Kolonialmacht weitgehend erspart geblieben sind, hat man unter Umständen etwas falsche Vorstellungen von den Einflüssen, die diese Zeit in den einst von Kolonialmächten beherrschten Ländern und Regionen hinterlassen hat. Man denkt in erster Linie an Spanien, Frankreich und England und meint zu wissen, dass die Sprache eine gewichtige Rolle bei der Kolonisierung spielte. Denkt man an Lateinamerika oder an Westafrika, so wurde dort die Sprache der früheren Kolonialherren in der Regel zur Landessprache, auch wenn die ursprünglichen, örtlichen Sprachen weiterhin fortbestehen konnten.

Mit diesem Wissen – oder besser gesagt Halbwissen – fuhren wir nach Hongkong, immerhin im 98. Jahr des Landes als britische Kronkolonie. Für uns war klar: In Hongkong ist man zweisprachig: Chinesisch und Englisch. Nach so langer Zeit unter der britischen Krone konnte das gar nicht anders sein. Trotzdem waren wir übertrieben vorsichtig und reisten nicht alleine, sondern in einer Gruppe. Man weiß ja nie, ob das mit den Straßenschildern und anderen Aspekten des täglichen Lebens wirklich immer so mit rechten Dingen zugeht, sprich ob die Orientierung wirklich auch in Englisch problemlos möglich sein würde.

Um das Ergebnis schon einmal vorweg zu nehmen: Beide Annahmen erwiesen sich als falsch. Doch ich will die ganze Geschichte erzählen.

Nur eine Stunde nach unserer Ankunft am Morgen im Hotel startete die erste Rundfahrt durch Hongkong Island. Unser deutschsprachiger Reiseleiter Jonny wollte seine Sprachkenntnisse in einem chinesischen Restaurant in Bad Homburg gelernt haben. Zugegeben, sie waren in Ordnung, aber doch sehr auf das konzentriert, was er in seinem Beruf benötigte. Sein wichtigster Satz für alle Lebenslagen und zur Lösung aller Probleme war: „Geben Sie mir glückliche Chance!", wobei er das Wort „Chance" wie „Schangse" aussprach, also sein Deutsch tatsächlich im Hessischen gelernt zu haben schien.

Diese erste Tour war sehr interessant, wenn auch unsere Mitreisenden uns nicht wirklich sympathisch bis wirklich unsympathisch waren. Dies lag vor allem an der Haltung, die sie den Einheimischen entgegenbrachten. Doch das hat mit Kultur nichts zu tun und schon gar nichts mit interkultureller Kompetenz und sei deshalb nur am Rande erwähnt.

Am Ende der Fahrt schlug uns Jonny vor, am Abend gemeinsam zum Peking-Enten-Essen zu gehen. Aus zwei Gründen lehnten wir ab: Zum einen wegen der unvermeidlichen Gesellschaft der Mitreisenden und zum anderen, weil wir vorhatten, die Umgebung des Hotels auf eigene Faust zu erkunden. Zum chinesischen

Jahreswechsel fand nur wenige hundert Meter entfernt ein großer Markt statt und direkt gegenüber unseres Hotels gab es ein Vergnügungszentrum mit Kinos, Restaurants und Karaoke-Bars. Das waren die „Objekte unserer Begierde", nicht die Peking-Enten, die wahrscheinlich an britische und sonstige Touristengeschmäcker angepasst waren und somit durchaus auch in Deutschland in ähnlicher Qualität zu genießen gewesen wären. Wir suchten „das Originale".

Der „Silvestermarkt" war für uns ein Erlebnis. Tausende von Menschen drängten sich in mehr als zehn Reihen durch die Gänge zwischen den Zelten, die als „Einbahnstraßen" eingerichtet waren. Eng war es, aber im Gegensatz zu dem, was wir von deutschen Märkten dieser – zugegebenermaßen kaum vergleichbaren – Größenordnung kannten, total aggressionsfrei. Wollte man sich einen Stand genauer ansehen, wurde einem bereitwillig Platz gemacht, um aus Reihe 6 nach links oder rechts auszuscheren und Reihe 1 zu erreichen.

Wir wurden mutiger, erstanden eine geblümte blaue Porzellanvase und beschlossen, unser Abendessen in einem der Restaurants des besagten Vergnügungszentrums einzunehmen.

Als Hilfe zur Entscheidungsfindung prüften wir zunächst, welches Restaurant eventuell von Touristen frequentiert wurde und entschieden uns dann ganz bewusst für das Lokal, in dem wir auf den ersten Blick keine europäischen Gesichter erkennen konnten.

Die Empfangsdame im Suzie-Wong-Kleid führte uns – englisch sprechend – zu einem Tisch. Eine Kellnerin legte uns eine Speisekarte hin, wie man sie auch in Deutschland den Japanern oder anderen Touristen hinlegt, die keine Fremdsprache beherrschen. Hartnäckige Mallorca-Fans kennen sie auch vom „Ballermann-Viertel" auf Mallorca: Fünf Gerichte, auf Fotos dargestellt und in Plastik eingeschweißt, damit die Karten möglichst lange halten.

Wir waren perplex. So hatten wir uns das nicht vorgestellt! Da die Kellnerin kein Englisch sprach (Achtung, noch nichts gemerkt!), deuteten wir mit Händen und Füßen an, dass wir eine „richtige" Speisekarte möchten. Mit verwundertem Blick legte sie jedem von uns ein Buch in DIN-A5-Größe auf den Tisch, etwa fünf Zentimeter dick. Erwartungsvoll schlugen wir das Buch auf: Chinesische Schriftzeichen schienen uns anzugrinsen. Wir blätterten um. Es blieben chinesische Schriftzeichen. Bis zur letzten Seite.

Was nun? Erneut gestikulierten wir mit der Kellnerin, die in ihrer Not schließlich den Restaurantmanager rief. Und, Gott sei Dank, er sprach Englisch. Der Hungertod im fernen Lande war abgewendet.

Wir erklärten ihm, dass wir ein normales chinesisches Abendessen wollten, so wie es an den umliegenden

Tischen auch serviert wurde. Seinen Menuvorschlag nahmen wir dankend an und hatten mit Sicherheit ein zwar schwierig zu bestellendes aber umso leckereres Diner als die deutschen Mitreisenden mit ihren Peking-Enten.

Doch hatten wir etwas gelernt? Mitnichten! Vor allem deshalb nicht, weil wir festgestellt hatten, dass die Beschilderung überall zweisprachig ist und unsere Solotouren durch die Stadt in den folgenden Tagen problemlos verliefen. Wir besuchten ohne Schwierigkeiten die Nachbarinsel Lantau mit der riesigen Tian Tan Buddha-Statue, waren in der Lage, uns Fährtickets zu kaufen und fanden sogar den Weg zurück in unser Hotel. Auch in den Restaurants der Stadt Hongkong fanden wir uns nach den erwähnten Anfangsschwierigkeiten mühelos zurecht.

So kam der letzte Tag unseres Aufenthaltes. Unser Abflug war am frühen Abend, und wir sollten um 18 Uhr im Hotel abgeholt werden. Die Reiseleitung hatte für die Reisegruppe zwei Tageszimmer gebucht, so dass wir die Möglichkeit hatten, unser Handgepäck über den Tag hinweg dort unterzubringen; und bei Bedarf konnten diese Zimmer auch als Aufenthaltsort genutzt werden. Da wir letzteres vermeiden wollten (siehe den Hinweis auf die Geisteshaltung unserer Mitreisenden), und immerhin in einem Fünf-Sterne-Hotel logierten, wandten wir uns nach dem Frühstück an die Rezeption (statt wie empfohlen, uns selbst darum zu kümmern) und erklärten dem Portier, dass unsere Koffer noch auf dem Zimmer seien, dass er diese bitte zur Sammelstelle und unser Handgepäck auf eines der Tageszimmer bringen lassen solle. Sein kräftiges „Yes, Sir!" ließ uns guter Dinge die letzten uns noch unbekannten Ecken der Stadt erkunden.

Doch der Schreck kam in der Abendstunde. Als wir von unserem Ausflug auf den Peak zurückkamen und zu den Tageszimmern gingen, um nach unserem Handgepäck – inklusive blauer Porzellanvase – zu sehen, konnten wir es dort nicht finden. Also zurück zur Rezeption, doch der Mitarbeiter vom Morgen, der uns hätte weiterhelfen können, war logischerweise nicht mehr da. Wir schauten an der Stelle nach, an der alle Koffer der Reisegruppe sein sollten. Fehlanzeige! Nicht einmal unsere Koffer waren da, wohl aber die der Mitreisenden. Ratlosigkeit machte sich breit, bei uns und beim Personal. Bis ein findiger junger Boy die rettende Idee hatte: „Vielleicht befindet sich das Gepäck ja noch auf Ihrem Zimmer!" Wir staunten zunächst, hatten wir doch morgens etwas anderes angeordnet, konnten aber bald aufatmen, denn nach fünf Minuten kam der junge Mann mit unserem kompletten Gepäck und wir konnten uns beruhigt auf die Fahrt zum Flughafen vorbereiten.

Später am Flughafen klärte uns der Reiseleiter auf, was passiert war. Da wir entgegen der Abmachung, die er mit dem Hotelportier hatte, unser Gepäck nicht selbst zu den vereinbarten Orten brachten, ging das Zimmermädchen davon aus, dass wir das Zimmer noch nicht freigegeben hätten und gab daher das Zimmer auch nicht für die Rezeption frei. Und so kam es, dass unsere Koffer – und die schöne blaue Vase – beinahe im fernen Hongkong geblieben wären.

Ich möchte als kleines Post-Skriptum noch anmerken, dass dies wohl auch dem Wunsch unserer Koffer entsprochen hätte, denn einer der beiden kam nicht mit nach Frankfurt, sondern machte sich auf einen Umweg über Perth in Australien.

Erst auf dem Rückflug und natürlich viel zu spät machten wir uns dann endlich klar, wo unser Denkfehler lag. Natürlich sind alle Einwohner Hongkongs zweisprachig. Aber nicht Chinesisch und Englisch sondern Mandarin und Kantonesisch, denn das sind die für sie wichtigen Sprachen. Englisch war knapp zwei Jahre vor der Übergabe des Landes an die Volksrepublik China für sie kein Thema mehr.

Und noch etwas hatten wir begriffen: Der Portier, der sich um unser Gepäck hätte kümmern sollen, hatte kein Wort verstanden. Dies durfte er jedoch nicht zugeben, denn er hätte ja sonst sein Gesicht verloren.

30. Ein Amerikaner in Köln

Selbstsicherheit gepaart mit Ignoranz. Ein Stereotyp, das durchaus auf US-Amerikaner passen kann. Sicher nicht auf jeden. Wir haben viele Bekannte und Freunde in und aus den Staaten, die dieser Einschätzung überhaupt nicht entsprechen. Doch einen habe ich kennengelernt, dem diese Art Selbstsicherheit zum Verhängnis wurde.

Als deutscher Partner eines kalifornischen Softwarehauses starteten wir im Januar ein Pilotprojekt im Kölner Raum zur Einführung einer in USA erstellten und weiterentwickelten Produktionsplanungs- und Steuerungssoftware. Unsere Aufgabe lag in der Übersetzung ins Deutsche und in der Übermittlung der notwendigen oder von den Kunden gewünschten Anpassungen an den deutschen Markt nach Kalifornien.

Durch den sehr guten Projektfortschritt ergab es sich, dass die ersten Schulungen bereits in die Karnevalszeit fielen. Trotz meiner Warnungen hielt man seitens der Amerikaner an einer fünftägigen Schulung in der Woche vor Karneval fest. Logischerweise fiel einer der Schulungstage auf den „schmutzigen Donnerstag", Altweiberfastnacht. Bob, ein Mitarbeiter des involvierten kalifornischen Softwarehauses reiste an, um das auch für uns deutsche Softwarespezialisten wichtige Training zu leiten. Dementsprechend groß war die Gruppe, die im ersten Projektabschnitt geschult werden sollte.

Der Donnerstag kam und mit ihm die Weiberfastnacht: Alle männlichen Kursteilnehmer kamen, um die Gefahren des Tages wissend, ausnahmsweise ohne Krawatte. Lediglich unser amerikanischer Kollege ließ es sich – trotz meiner Warnung vom Vorabend – nicht nehmen, „politically (hyper-)correct" angezogen und mit einer nicht gerade billigen Krawatte angetan zu erscheinen.

Bei meiner Ankunft im Seminarraum unseres Kunden waren in der Firma bereits die „Möhnen" los. Ich betrat den Raum, sah Bob stehen und konnte gerade noch die Warnung aussprechen, er möge schnell seine Krawatte abnehmen, als schon zwei kostümierte Frauen den Seminarraum stürmten. Sie bedachten mich, als sie bemerkten, dass ich keinen Schlips trug, mit einem „Du Feigling!". Unser Freund Bob jedoch hatte keine Chance. Binnen weniger Sekunden fehlte ihm der untere Teil seiner Krawatte.

Er schaute mich verstört und mit Leichenbittermiene ob seiner verlorenen Krawatte an, aber alles, was ich ihm angesichts seiner fehlenden kognitiven interkulturellen Kompetenz und seiner übergroßen Selbstsicherheit noch tröstend sagen konnte, war: „I told you."

31. Working for the Yankee-Dollar?

Wer sich im interkulturellen Umfeld bewegt, weiß, dass es drei Teilkomponenten interkultureller Kompetenz gibt: Erstens die affektive Kompetenz, also der rein gefühlsmäßige Teil, der sich zum Beispiel in Aufgeschlossenheit gegenüber fremden Kulturen, Sympathie und Toleranz ausdrückt. Zweitens gibt es eine kognitive Teilkompetenz, die sich aus kulturtheoretischem Wissen und Selbstreflexivität und dem Allgemeinwissen über ein Land und seine Kultur zusammensetzt. Und schließlich gibt es eine pragmatisch-kommunikative Kompetenz. Sie besteht sowohl aus der Sprachkompetenz als auch der nonverbalen Kommunikation und befähigt uns zum Einsatz wirkungsvoller Konfliktlösungsstrategien.

Ein Beispiel kognitiver Kompetenz, besser gesagt mangelnder kognitiver Kompetenz, habe ich im vorherigen Kapitel beschrieben. Hier soll ein zweites folgen.

Ein Kollege von Bob – seinen Namen habe ich vergessen – war mein Ansprechpartner für die Softwareanpassungen. Nachdem die Software in Köln in den Echtbetrieb gestartet und das Projekt für mich abgeschlossen war, kam für mich die nächste Aufgabe im süddeutschen Raum: Die Erstellung eines Angebots für ein international tätiges Unternehmen. Sehr schnell ergab sich ein Manko des Softwarepakets: Es war für den nationalen amerikanischen Markt erstellt worden. Ein

Markt, der, selbst wenn er exportorientiert ist, auch heute noch immer in Dollars denkt.

Folglich fehlte ein Modul, das für das damalige Europa (vor der Einführung des Euro) noch wichtiger war als heute: Die Währungsumrechnung!

Wollte ich den Kunden gewinnen, dann musste dieses Modul Teil des Softwarepakets werden und dies auch möglichst schnell. Also griff ich zum Telefon und rief meinen Ansprechpartner im sonnigen Kalifornien an.

Nach einer kurzen Erklärung von mir, wo das Problem lag, erklang am anderen Ende der Leitung die erstaunte Frage: „Don't you have Dollars in Europe?"

Ihm war ganz offensichtlich nicht klar, dass wir im guten alten Europa nicht nur keine Dollars, sondern er wusste auch nicht, dass jedes der (west-) europäischen Länder eine eigene Währung besaß. Fakten, die ich ihm in diesem Moment erst einmal erklären musste, damit er das Problem meines Kunden überhaupt verstand.

Sein erstauntes Gesicht und der „Aha-Effekt", der bei ihm einsetzte, konnte ich über die mehrere tausend Kilometer lange Telefonleitung – auch lange vor der Zeit der Webcams – regelrecht hören.

32. I would learn English

Ein weiteres Beispiel, wie sich die US-amerikanische Selbstsicherheit manifestieren kann, erlebte ich während einer privaten Reise in die USA. Diesmal ist es die Sprache, die den Unterschied zu uns Europäern oder besser gesagt, uns Deutschen, ausmacht.

Es ist Karneval in New Orleans. Wir sind zu Besuch bei Freunden und genießen die fast zwei Wochen dauernden täglichen „Rosenmontagszüge". Tatsächlich sind es jedes Mal zwei „Krewes" genannte Karnevalsvereine die ab etwa 17 Uhr durch die Stadt und vor allem durch die St. Charles Avenue ziehen. Und tatsächlich hat jeder dieser beiden Umzüge für sich schon das Ausmaß eines Rosenmontagszugs in Mainz, Köln oder Düsseldorf. Die Defilees dauern mit einer kurzen Unterbrechung bis 23 oder sogar 24 Uhr.

Wir haben eine kleine Zwei-Zimmer-Wohnung im French Quarter gemietet, die nur wenige Gehminuten von der Bourbon Street entfernt liegt, was wir auch weidlich ausnutzen, besonders wenn dort kleinere oder größere Karnevalsveranstaltungen stattfinden. Allerdings liegt auf der anderen Seite, ebenfalls nur wenige hundert Meter von unserem Haus entfernt, ein eher berühmt-berüchtigtes Viertel. Getrennt sind wir davon nur durch die breite, mehrspurige Northern Rampart Street. An dieser Straße befindet sich auch der Treffpunkt, wo uns unsere Freunde häufig mit dem Wagen abholen, um uns zu verschiedenen Veranstaltungen oder Ausflügen mitzunehmen. Eine Straße, die nicht nur die beiden Viertel trennt, sondern an der auch einige Voodoo-Läden und einer der großen bekannten Voodoo-Friedhöfe liegen. Also kein Ort, der einen weißen Europäer unbedingt zu einem längeren Aufenthalt einlädt.

Es ist „Mardi Gras", der letzte und wichtigste Tag des Karnevals. Schon früh finden wir uns an der üblichen Stelle, der Ecke von St. Peter Street und Northern Rampart Street, ein. Ein wenig zu früh, wie wir schnell feststellen, denn wegen einiger Verkehrsstaus verspäten sich unsere Freunde. Wir müssen fast eine halbe Stunde warten, bis endlich ihr Wagen „am Horizont" auftaucht. Allerdings wird unsere Wartezeit dadurch verkürzt, dass nach etwa zehn Minuten ein junger Mann von der anderen Straßenseite auf uns zu geschlendert kommt – er hat uns anscheinend von dort beobachtet – und sein Glück versucht, uns einen oder vielleicht auch ein paar Dollar mehr abzuluchsen.

Wir versuchen, uns mit einer Strategie des Nichtverstehens aus der Affäre zu ziehen. Mit Gesten und ein paar Brocken Englisch täuschen wir vor, ihn nicht zu verstehen und bedeuten ihm, dass wir auch nicht die geringste Ahnung haben, was er von uns will. Drei oder vier Versuche unternimmt er, bevor er resignierend abbricht.

Er dreht sich um und im Weggehen hören wir ihn sagen: „Wenn ich ins Ausland ginge, würde ich wenigstens Englisch lernen." In doppelter Weise wirkt dieser Satz auf uns absurd. Natürlich haben wir verstanden, dass er uns damit einen „gut gemeinten" Rat geben will. Aber seine Aussage birgt für uns zwei ganz andere Aspekte: Erstens kann er ja Englisch, aber wir verstehen ihn (bewusst?) so, als ob er selbst es noch lernen müsste. Und unsere zweite Auslegung klingt genauso absurd, denn er glaubt ganz offensichtlich, mit Englisch käme man durch die ganze Welt. Wir hoffen, dass er mit dieser Einstellung nicht einmal wirklich ins Ausland reisen wird und dass er dann nicht zufällig nach China, Frankreich oder Russland muss. Ein sprachlicher Kulturschock wäre damit sicher vorprogrammiert.

33. Weites Land – kleines Land

Paris, irgendwann anfangs der 1980er Jahre. An der Gare de l'Est irrt ein älteres Ehepaar in den Siebzigern durch das Gewimmel der Berufspendler. Offensichtlich suchen sie einen bestimmten Zug, finden aber den Bahnsteig nicht. Oder haben sie vielleicht Probleme, die Anzeigetafeln zu entziffern?

Meiner Frau, die gerade aus Deutschland angekommen war, fielen sie durch ihre suchenden Blicke auf und als sie feststellte, dass sie Deutsch mit einander redeten, sprach sie sie an. Sie suchten ein Hotel und meine Frau empfahl ihnen ein uns sehr gut bekanntes Haus. So war das Problem schnell gelöst und es blieben noch ein paar Minuten für ein kleines Gespräch; auch die Adressen wurden ausgetauscht. Die älteren Herrschaften waren Deutsch-Kanadier und lebten seit vielen Jahren in Calgary. Ob es ernst gemeint war oder aus Höflichkeit oder ob es einfach aus Erleichterung über die Hilfestellung war, wissen wir nicht. Jedenfalls wurden wir zu den damals anstehenden olympischen Spielen eingeladen.

Aus dieser kurzen Begegnung entwickelte sich ein mehrjähriger Briefwechsel, der sich nicht nur in „Season's Greetings" zur Weihnachtszeit erschöpfte. Wir wurden auch regelmäßig über die wichtigsten Ereignisse in ihrem Leben und die Geschehnisse aus ihrem Familienkreis informiert. Leider hatten wir keine Zeit, die Einladung zu den olympischen Spielen anzunehmen, was uns einerseits sehr recht war, sind wir doch weder für die kalte Jahreszeit noch für Wintersport zu begeistern, andererseits von ihnen aber auch nicht übel genommen wurde.

Im Gegenteil, es bestand auf ihrer Seite durchaus der Wunsch, meine Frau einmal wieder zu sehen und mich kennen zu lernen. Und dieser Wunsch gipfelte eines Tages in einem Vorschlag, den sie in ihrem Brief wie folgt formulierten: „Wir werden demnächst unseren Urlaub in Ägypten verbringen und würden uns freuen, Sie in Kairo zum Essen einladen zu können."

Damals interkulturell noch ziemlich unerfahren, schüttelten wir den Kopf. Unsere erste Überlegung war, dass den gängigen Vorurteilen nach zwar US-Amerikaner Probleme mit der Weltkarte haben sollen, aber doch nicht Kanadier und am allerwenigsten Kanadier, die einst aus Europa ausgewandert waren. Besonders sie mussten doch wissen, dass es nicht so ohne weiteres möglich ist, für einen oder zwei Tage von Deutschland nach Nordafrika zu reisen: Die lange Strecke, der teure Flug und nicht zuletzt auch die Passformalitäten müssen doch lange vorher geklärt sein!

Ich weiß nicht mehr, welche Ausrede wir uns ausgedacht hatten, jedenfalls konnten wir das Essen absagen, ohne dass unsere Bekannten beleidigt waren.

Lange haben wir gerätselt und spekuliert, wie man auf die Idee kommen kann, von Frankfurt nach Kairo zu fliegen, nur um ein Mittag- oder Abendessen zu sich zu nehmen. Zugegeben, der Gedanke ist sehr reizvoll, besonders für junge Menschen, die noch davon träumen, eines Tages einmal zum „Jetset" zu gehören, die aber in einem relativ kleinen Land wie Deutschland groß geworden sind und in dementsprechend kurzen Distanzen denken.

Heute gehören wir immer noch nicht zum Jetset, aber wir haben durch unsere Berufe gelernt, in größeren Entfernungen zu denken und durch unsere Tätigkeit als interkulturelle Trainer auch verstanden, was damals den großen Unterschied ausmachte.

Nicht nur die Mitmenschen, die Schule, die Umwelt allgemein sind Kultur prägend, sondern auch die Größe des Landes, in dem man aufgewachsen ist, spielt eine wesentliche Rolle dabei, wie man manche Dinge wahrnimmt und wie man diese Dinge interpretiert. Wer in Deutschland geboren wurde und aufwuchs, der kennt ein relativ kleines Land – immerhin ist die längste Autobahn bei uns gerade mal etwas mehr als 700 Kilometer lang. Für Menschen aus Russland, Nordamerika und vielen asiatischen oder südamerikanischen Ländern wird dies jedoch noch eher als Kurzstrecke angesehen.

Während wir Deutschen es für unzumutbar halten, von Köln nach Frankfurt zu fahren, um einen nordamerikanischen Bekannten vom Flughafen abzuholen, finden Kanadier es gerade unverschämt, dass sie für diese läppischen knapp zweihundert Kilometer auch noch alleine mit der Bahn fahren müssen.

Und so ähnlich erging es uns auch mit dem versäumten Essen in Kairo. Für uns ist diese Entfernung einfach ungewohnt groß, zumal noch ein paar andere Länder dazwischen überflogen werden müssen. Für Kanadier war und ist ein Flug von drei oder vier Stunden nichts Ungewöhnliches. Und Grenzen gibt es zwischen den Städten Calgary und Vancouver sowieso keine.

Die Flugpreise haben sich erst nach der Jahrtausendwende deutlich gesenkt und sich jenen des nordamerikanischen Markts angenähert. Und Afrika ist uns viel näher als damals.

Heute, zwanzig Jahre später, würden wir fliegen.

34. Westberlin aus kubanischer Sicht

Es ist immer interessant zu beobachten, wie der kulturelle Hintergrund einer Person deren Sichtweise auf die Realität bestimmt. Und „kulturell" bedeutet auch den Einfluss der Politik auf die Menschen, ihre Bildung und ihr Wissen über andere Länder und Kulturen. Je nachdem, welchem politischen Lager eine Kultur angehört, werden die Dinge anders interpretiert. Dies erlebten wir bei einem Urlaub auf Kuba.

Es war eine lange Suche, bis wir ein Hotel auf der Halbinsel Varadero gefunden hatten, das kein „All Inclusive" anbot oder besser gesagt vorschrieb. Diese Formel mag für manchen Urlauber sehr bequem sein. Man muss das Hotel nicht verlassen, kann somit jeglichen störenden Kontakt mit der anderen Kultur vermeiden und zerstört nach und nach die gastronomische Infrastruktur der kleinen Wirte und Köche im Umkreis. Wir, ohne Sprachprobleme, denn meine Frau spricht Spanisch und ein Drittel der Kubaner spricht Deutsch, suchten jedoch gerade diesen Kontakt und hatten deshalb auch fünf Tage in der Hauptstadt Havanna vorgesehen. Dort wollten wir das „wirkliche Leben" Kubas kennen lernen, fernab von den Touristenzentren, und auch wenn mittlerweile die Schranken gefallen sind, die früher all jenen Kubanern den Zugang zur Touristenhalbinsel Varadero verwehrten, die nicht dort arbeiteten, bildet das dortige Preisniveau eine Art „natürliche" pekuniäre Grenze für die Einheimischen.

Der Reiseführer, den wir uns gekauft hatten, hatte eine klare Meinung zu unserem Vorhaben und postulierte: 1. Das Internet – zur Vorbereitung des Havanna-Aufenthalts – existiert in Kuba de facto nicht. 2. Die Mitnahme von Mobiltelefonen ist nicht erlaubt und 3. Kontakte der Einheimischen mit Touristen sind strengstens verboten. Aussagen, die unseren Widerspruch herausforderten. Wir gingen auf die Suche und konnten alles wenn nicht widerlegen, so doch auf jeden Fall relativieren.

Die Aussage zum Internet nahm meine Frau zum Anlass, sich mit der Universität Havanna in Verbindung zu setzen. Sie fand eine sehr gut gemachte Website vor und vereinbarte noch von Deutschland aus per E-Mail einen Termin mit einer Kollegin und deren Dekanin. Soviel zum Kontaktverbot. Zum Thema Internet konnten wir nach unserer Ankunft feststellen, das in allen besseren Hotels eine Ecke eingerichtet war, in der man jederzeit surfen konnte. Wir erfuhren außerdem, dass an der Universität jeder Student ein kostenloses E-Mail-Account und logischerweise auch die Möglichkeit des Zugriffs darauf hatte, mehr noch, entgegen damaliger Gepflogenheiten in Deutschland fanden die Studierenden ihre Stundenpläne und Lehrveranstaltungsmaterialien bereits als Downloads auf der Universitätsseite vor.

Das Internet existierte nicht nur, es wurde in diesen – zugegebenermaßen privilegierten – Kreisen durchaus auch intensiv genutzt!

Das angebliche Problem der Handymitnahme ließ sich am leichtesten durch einen Anruf bei unserem Provider klären: Es gab einen Roaming-Partner in Kuba, also musste man das Telefon auch mitnehmen können. Vor Ort klärte sich das Missverständnis auf: Jegliche Einfuhr neuer, für den Verkauf bestimmter Elektrogeräte ohne Genehmigung war streng verboten. Und darunter fielen logischerweise auch Mobiltelefone. Das eigene Gerät konnten wir problemlos einführen – ein kurzer Blick der Zollbeamtin auf das Gerät genügte – und benutzen, auch wenn der Anruf aus der kaum zehn Gehminuten entfernten Konditorei ins Hotel in Havanna sicher purer Luxus war.

Wir fragten uns, wann der angeblich aktuelle Reiseführer wirklich entstanden sein mochte und wo der Autor wohl seine Informationen her hatte? Wie so oft abgeschrieben aus früheren Fassungen?

Unser Aufenthalt auf der Karibikinsel verlief wunderbar. Wir fanden außerhalb des Hotels sehr schöne Restaurants mit gutem Essen. Leider waren wir oft fast alleine auf der Terrasse. Zu stark war wohl der Einfluss der AI-Lobby und zu schwach die Bereitschaft der Urlauber, auch einmal das Hotel auf eigene Faust zu verlassen.

Nach ein paar Tagen der Akklimatisation fuhren wir mit dem Bus in die kubanische Hauptstadt. Dort angekommen, nahm meine Frau sogleich Kontakt zur Universität auf (natürlich mit ihrem Mobiltelefon!) und vereinbarte einen Termin für den nächsten Tag mit einer Kollegin aus Deutschland, die dort lehrte, sowie zwei weitere mit der Dekanin der Philosophischen Fakultät und einer kubanischen Literatur-Professorin für den Tag danach. Alles verlief ohne Komplikationen. Wir luden die kubanische Kollegin auch zu einem kleinen Plausch am nächsten Abend in die Hotelbar ein. Die am Eingang stehenden Polizisten verzogen keine Miene, als sie eintrat. Sie kannten ihre Pappenheimer, die Prostituierten, die sich den westlichen Männern zu Niedrigpreisen anbieten. Aber selbst wenn diese „Damen" ins Hotel wollten, so war zumindest unser Eindruck, wurden hie und da beide Augen zugedrückt.

Für uns kam aber jetzt der Moment, an dem wir begreifen sollten, wie sehr die junge Kollegin meiner Frau in ihre Kultur eingebettet war und wie stark die Zeit vor dem Fall des eisernen Vorhangs sie geprägt hatte.

Ich fragte sie im Laufe des Abends nach der Einwohnerzahl von Havanna. Ihre Antwort, 2,5 Millionen, verband sie mit der Gegenfrage, ob es denn in Deutschland vergleichbar große Städte gebe. Nach kurzem Nachdenken konnte ich ihr nur Hamburg, München und Köln als Städte mit „nur" etwa einer Million Einwohnern und

Berlin mit vergleichbarer Größe nennen. Sie überlegte kurz und meinte dann zu meiner Verblüffung: „Stimmt, jetzt, wo Westberlin dazu gekommen ist".

Erst langsam dämmerte mir, was der interkulturelle Hintergrund zu dem war, was sie gerade gesagt hatte. Für die meisten Westdeutschen sind die neuen Bundesländer zur alten Bundesrepublik hinzugekommen. Für sie, die sie früher mit der Deutschen Demokratischen Republik zusammen gearbeitet hatte, sah die Entwicklung naturgemäß genau anders herum aus: Wir, der Westen, hatten uns der DDR angeschlossen. Wir akzeptierten ihre Aussage kommentarlos – trotz unserer leichten Verwunderung – selbstverständlich, ohne sie zu korrigieren. Warum sollten wir auch?

Einfache Dinge, einfaches Denken, können, aus der jeweils eigenen Kultur heraus in die Kommunikation eingebracht, zu nicht gerade kleinen Konflikten führen, hätten wir doch eine ernsthafte Diskussion in der Hotellobby entfachen können, die vielleicht im Unfrieden hätte enden können.

Für uns ist dieses „harmlose" Beispiel der Beweis, dass die Konzentration auf „Interkulturelle Kommunikation" nicht ausreicht, wenn man zum Profi in „Interkultureller Kompetenz" werden will. Die ganzheitliche Sichtweise macht die interkulturelle Koryphäe aus.